纯粹江南

PURE

JIANGNAN

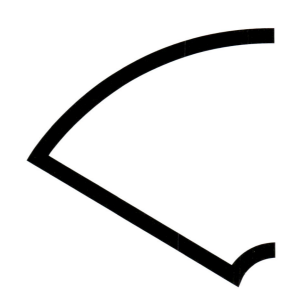

苏州博物馆 编

纯粹江南
——苏州历史陈列

PURE JIANGNAN
Exhibition of Suzhou History

Edited by Suzhou Museum
Cultural Relics Press

文物出版社

图书在版编目（CIP）数据

纯粹江南 ：苏州历史陈列 / 苏州博物馆编 . —— 北京 ：文物出版社，2021.9

ISBN 978-7-5010-7194-4

Ⅰ . ①纯… Ⅱ . ①苏… Ⅲ . ①博物馆-历史文物-介绍-苏州 Ⅳ . ① K872.533

中国版本图书馆 CIP 数据核字 (2021) 第 159995 号

纯粹江南——苏州历史陈列

苏州博物馆　编

责任编辑：戴　茜

摄　　影：张　冰

书籍设计：特木热

责任印制：张　丽

出版发行：文物出版社

社　　址：北京市东城区东直门内北小街 2 号楼

邮　　编：100007

网　　址：http://www.wenwu.com

经　　销：新华书店

印　　刷：上海雅昌艺术印刷有限公司

开　　本：889mm×1194mm　1/16

印　　张：19

版　　次：2021 年 9 月第 1 版

印　　次：2021 年 9 月第 1 次印刷

书　　号：ISBN 978-7-5010-7194-4

定　　价：298.00 元

编委会

项目总策划	陈瑞近
项目总协调	谢晓婷
展览负责人	杨　艺
策展人	李　军
展览协调	江伟达
展览形式设计指导	杨　艺　江伟达

主　编	陈瑞近
副主编	谢晓婷　陶苏卫
	茅　艳　程　义
执行主编	李　军
文物说明 （以姓氏笔画为序）	朱恪勤　朱益萌
	朱　颜　刘彬彬
	许　平　许鑫城
	严建蔚　杜　超
	李　军　金　怡
	钱莺歌　姚晨辰
	潘文协
英文翻译	张　帆　沈　琳
特约编辑	许鑫城　刘彬彬
	杜　超

前　言

苏州，一座开放包容、风雅精致的城市，从远古款款走来，伴随长江裹挟着上游的泥沙，经年累月，冲积成陆，变得丰腴而美丽。

万年以前，三山先民点燃文明的火把，照亮了这片沃土。马家浜文化、崧泽文化、良渚文化之花，渐次绽放。商周之际，太伯奔吴，土著归化，遂成吴文化发祥之地。春秋争霸，吴国崛起，建都筑城，越承楚继，名留青史。

汉唐之间，由县升而为州，雄于江南，俨然三吴都会。两晋变乱之际，中原士族南迁，流风所及，气习竞趋雅驯。六朝烟雨，楼台繁峙；隋唐运河，贯通南北；五代迭更，文教昌明。诗意词境中，余响犹在耳。

宋元以降，平江所辖。山水清嘉，引沧浪之水于亭畔，园林肇始；人文蕴藉，延鸿博之士登讲席，府学初开。城坊纵横，市肆林立，物阜民丰，天下用足。谚云："天上天堂，地下苏杭。"堪称定评。

逮于明清，一府之地，工商繁兴，人才辈出，科第之盛，冠绝一时。诗书画印，开宗立派，一脉相承；小说戏剧，雅俗共赏，流播四方。士民生活，益趋精致，影响至今。

太湖之畔，名城苏州。鱼米之乡，纯粹江南。东海之滨，人间天堂。

Foreword

Suzhou, an elegant and inclusive modern city with its long history is coming from ancient times at graceful paces to you.

Thousands of years ago, the ancestors of the Sanshan Island lit the torch of civilization and illuminated this fertile land. Majiabang Culture, Songze Culture and Liangzhu Culture bloomed one after another. During Shang and Zhou Dynasties, Taibo, the son of Zhou Emperor fled to this area. His talents won the natives' respect and became their leader, which allowed Suzhou to become the birthplace of Wu culture. In the Spring and Autumn Period, the State of Wu became a rising power which established its capital here and fortified the city. Though it was successively conquered by Yue and Chu, the two states which inherited Wu's wealth and lands inscribed their names in the history.

Between Han and Tang Dynasties, the administrative level of Suzhou was upgraded from a county to a city. Its prosperity reinforced its importance in the south of Yangtze River, as the capital of Three Wu area (old Wu Xing, Wu Jun and Kuai Ji). During times of turmoil from Western Jin Dynasty to Eastern Jin Dynasty, the gentry of the Central Pain moved south. Their arrival tremendously influenced Suzhou society, whose folks later turned to be more elegant and refined in manner. The Six Dynasties Period built it into a more prosperous urban city. The Grand Canal which runs through the north and south progressed Suzhou's developments in Sui and Tang Dynasties. Despite political chaos, the culture and education of Suzhou were greatly promoted during Five Dynasties Period. Its splendor is still reflected in poetry and prose.

Since Song and Yuan Dynasties, the Pingjiang area had built the Canglang Pavilion based on the landscape, which started the creation of Chinese Classical Gardens. Meanwhile, Suzhou firstly created urban schools and invited knowledgeable scholars to teach. On the well-structured unban blocks and streets stood plenty of fairs and stores. With abundant supplies, people enjoyed the peaceful and productive lives. As an old Chinese proverb goes, "Up in heaven, there is paradise; down on earth, there are Suzhou and Hangzhou", which has been a great recognition.

As of Ming and Qing Dynasties, industry and commerce flourished. A large number of native talents were elected from the imperial examination system, which further stimulated its golden age of local culture. All cultural and artistic modes, including poetry, calligraphy, paintings and seals, established their own schools and their legacies were left by generations. Novels and dramas appealed to both the educated and the folks which made their influence across the country. People's daily life became more and more elegant and exquisite, which has an impact to present day.

Suzhou, the famous city on the side of Tai Lake, the land of fish and rice in the south of Yangtze River, and the paradise on the coast of East China welcomes you.

目 录

往事千年 人间天堂
A Thousand Years of History, Paradise on Earth

繁华都会 世间乐土
City of Prosperity, Garden of Delight

上古华章
吴风越韵

Glory of Ancient Times,
Charm of Wu and Yue

距今 10000－前 221
10000 BP－221 BC

早在一万多年前，太湖烟波浩渺，三山岛上就有人类活动的遗迹。进入新石器时代，经马家浜文化、崧泽文化、良渚文化兴亡递嬗，先民制陶种稻、驯养家畜、治玉缫丝，过上定居生活。至夏禹之时，天下分九州，吴地隶扬州。商末周初，地属蛮荒，太伯奔吴，土著归化，吴文化自此发祥。春秋乱世，吴国崛起，西破强楚、北威齐晋、南伐于越，会盟诸侯于黄池，国力极于鼎盛。然日中则昃，终为越所灭，战国并入楚，春申治之。而今历经数千年，良渚玉琮，面目如新，吴王用剑，光辉如故。专诸刺僚，侠士风范，季札挂剑，贤士尽礼，堪称佳话，传千古而不朽。自城西大小真山墓发，金玉并出，可见其文化之灿烂。

As early as 10,000 years ago, there were remnants of human activities on Sanshan Island in Tai Lake. Entering the Neolithic period, through the rise and fall of Majiabang Culture, Songze Culture and Liangzhu Culture, the ancestors made pottery and cultivated rice, domesticated livestock, carved jade and reeled silk, and thus lived a settled life. By the time of Yu the Great, China was divided into nine states, and Wu was under Yangzhou. At the end of the Shang Dynasty and the beginning of the Zhou Dynasty, the land was barren. Taibo came to this area, and then the natives were naturalized, which became the birthplace of Wu culture. In the turbulent times of Spring and Autumn Period, the state of Wu rose. It broke through the strong State of Chu in the west, awed the States of Qi and Jin in the north, sent armed forces to suppress the State of Yue in the south, and made alliance with lords in Huangchi (in Xinxiang, Henan Province nowadays). Then the national power reached its peak. However, it was lost glory soon afterwards, and was eventually destroyed by the Yue. In the Warring States Period it was merged into Chu, and Lord Chunshen ruled it. Now that after thousands of years, its jade wares still look new and the swords used by kings of Wu shine as before. Zhuanzhu (a famous ancient Chinese assassin) assassinated King Liao of the State of Wu to demonstrate his chivalrous demeanor. Jizha (son of King Shoumeng of the State of Wu) hung his sword to the tomb of a late king of the State of Xu to honor his promise even if the latter had died. Both stories have become immortal through the ages. From the tombs of Zhenshan Hills to the west of old town of Suzhou, gold and jade were excavated, showing the splendor of its culture.

打制石器
Chipped Stone Tools

旧石器时代
Paleolithic Period

宽 1.9–7.0 厘米　高 3.0–5.0 厘米
Width 1.9-7.0 cm　　Height 3.0-5.0 cm

苏州三山岛旧石器时代遗址出土。遗址附近基岩为石灰系上统船山组灰岩，1985 年发掘，共出土石器 5263 件。主要包括各类刮削器、尖状器、砍砸器、石核及石片，石器加工方法具有鲜明的地方特色。根据出土遗物的数量、种类及分布状况分析，三山岛遗址可能是一处旧石器时代晚期古人类的石器加工场地。

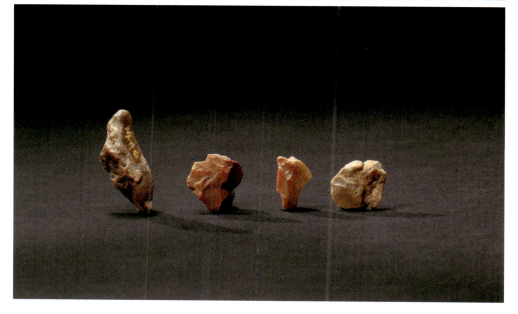

动物牙齿
Animal Teeth

旧石器时代
Paleolithic Period

苏州三山岛旧石器时代遗址出土。此遗址出土哺乳类动物化石标本，共约涉及 6 个目 20 个种，主要种类有棕熊、西藏黑熊、最后鬣狗、虎、狼、鹿、猕猴、豪猪、獾等。根据这些动物化石标本，有关专家认为遗址时代属更新世晚期。此组动物牙齿包括熊齿 3 颗、鹿齿 2 颗、鬣狗齿 2 颗、羊齿 2 颗及牛齿、狼齿各 1 颗。

三山岛遗址及哺乳类动物化石遗存的发现，对于研究太湖的成因、长江中下游乃至华东地区的成陆年限以及这一地区古人类活动的历史，均具有极为重要的参考价值，将太湖流域人类活动的历史推至一万多年前的旧石器时代，填补了我国旧石器时代遗址和更新世哺乳动物群的空白。

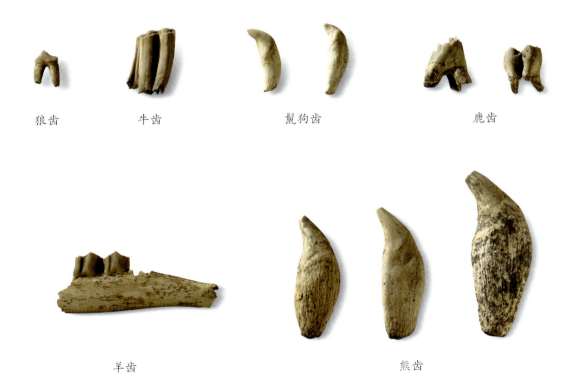

狼齿　　　牛齿　　　鬣狗齿　　　鹿齿

羊齿　　　　　　熊齿

灰陶腰沿釜
Grey Pottery *Fu*-cauldron with Rim along the Waist

新石器时代 · 马家浜文化
Majiabang Culture of Neolithic Period

腹径 14.0 厘米　高 29.0 厘米
Diameter of Belly 14.0 cm　　Height 29.0 cm

苏州吴江梅堰遗址出土。夹砂灰陶。侈口、束颈，直筒形深腹，圜底。肩部有锯齿状宽檐，饰指甲压纹。

新石器时代 · 马家浜文化

红陶甑

Red Pottery *Zeng*-cooking vessel

新石器时代 · 马家浜文化
Majiabang Culture of Neolithic Period

口径 21.9 厘米　底径 12.2 厘米　高 23.7 厘米
Diameter of Mouth 21.9 cm　　Diameter of Bottom 12.2 cm　　Height 23.7 cm

苏州草鞋山遗址出土。泥质红陶。敞口、方唇、深直腹、平底、底部有镂孔。器身中部两侧各有一牛鼻耳。类似器形在苏州昆山绰墩遗址马家浜文化层中亦有出土。

灰陶镂空器
Grey Pottery Vessel with Openwork

新石器时代 · 马家浜文化
Majiabang Culture of Neolithic Period

残高 10.0 厘米
Height 10.0 cm

苏州吴江梅堰遗址出土。口沿及器身残。整体呈喇叭形，上大下小，器身镂空。

红陶盉

Red Pottery *He*-pitcher

新石器时代 · 崧泽文化
Songze Culture of Neolithic Period

残高 16.0 厘米
Height 16.0 cm

苏州越城遗址出土。泥制红陶。口残、细长颈、圆肩、鼓腹、平底。
腹部有一扁平把手。

红陶盉

Red Pottery *He*-pitcher

新石器时代 · 崧泽文化

灰陶壶
Grey Pottery Pot

新石器时代 · 崧泽文化
Songze Culture of Neolithic Period

腹径 8.5 厘米　高 8.0 厘米
Diameter of Belly 8.5 cm　Height 8.0 cm

苏州越城遗址出土。泥质灰陶、手制轮修。小侈口、圆唇、细高颈、折肩、折腹，腹壁斜直、平底。折肩、折腹部饰草叶状压划纹。

黑衣陶龟形壶
Tortoise-shaped Black-coated Pottery Pot

新石器时代 · 良渚文化
Liangzhu Culture of Neolithic Period

腹径 14.8 厘米　高 7.5 厘米
Diameter of Belly 14.8 cm　Height 7.5 cm

泥质黑衣灰陶，胎薄质细。整器造型如一只卧伏的大黑鳖，壶口上昂作鳖首，壶身呈扁核形，背部上凸，边缘裙边一周，伸出二爪和短尾，其上均有穿孔，可系绳。此壶是史前时期制陶工艺的一件杰作，其成形工艺要求极高，可见当时已具有相当先进的制陶技术。

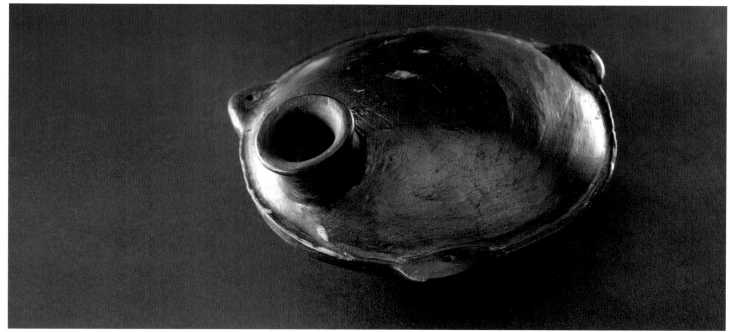

新石器时代 · 良渚文化

黑皮陶罐
Black-coated Pottery Jar

新石器时代 · 良渚文化
Liangzhu Culture of Neolithic Period

腹径 17.3 厘米　高 11.0 厘米
Diameter of Belly 17.3 cm　Height 11.0 cm

苏州吴江梅堰遗址出土。泥质黑陶，手制。口微侈、短颈、圆肩、圆折腹、平底。最大腹径处饰一周附加堆纹，上腹部满饰刻划鱼鳞纹。

黑皮陶罐
Black-coated Pottery Jar

新石器时代 · 良渚文化

彩绘陶罐

Color-painted Pottery Jar

新石器时代 · 良渚文化
Liangzhu Culture of Neolithic Period

腹径 11.2 厘米　高 10.5 厘米
Diameter of Belly 11.2 cm　Height 10.5 cm

苏州吴江梅堰遗址出土。直口、方唇、高领、弧肩、圆鼓腹、假圈足、平底。口沿两侧有穿孔。颈部施黄彩，肩、腹部绘由弦纹和水波纹组成的装饰带。整器造型规整，彩绘色调明快。

良渚文化时期的彩绘陶有两种。一种是漆绘陶器，即用天然漆涂绘在陶器上形成花纹，如车坊澄湖出土的彩绘陶贯耳壶等。另一种是天然彩绘陶，以天然矿石颜料涂绘在陶器上。梅堰遗址出土的彩绘陶经专家鉴定为漆绘，与仰韶彩陶及一般的红衣陶性质不同。

炭化稻谷
Carbonized Rice Grains

新石器时代 · 马家浜文化
Majiabang Culture of Neolithic Feriod

苏州草鞋山遗址出土。水稻是由野生稻经过培育改良而产生的人工品种。这些夹杂在红烧土块中的炭化稻谷，由于堆积层位浸没在水平面以下，与空气隔绝，出土时谷粒外形完好，芒刺清晰。

穿孔石犁
Stone Plow with Perforation

新石器时代 · 良渚文化
Liangzhu Culture of Neolithic Period

长 38.6 厘米　宽 26.2 厘米
Length 38.6 cm　Width 26.2 cm

苏州昆山淀西明东大队出土。器身呈三角形，中有一圆孔。圆孔应
为与犁底木（犁座）紧固之用。如此大型的三角形穿孔石犁，是从
人工粗耕过渡到牲畜犁耕的重要分水岭，标志着江南稻作农业进入
了一个崭新的阶段。

石耘田器
Stone Weeding Tool

新石器时代 · 良渚文化
Liangzhu Culture of Neolithic Per od

长 13.6 厘米　宽 8.3 厘米
Length 13.6 cm　Width 8.3 cm

苏州越城遗址出土。石质细腻、形态扁薄、轻巧，最厚处仅 0.4 厘米。背部呈马鞍形，仍较锋利，明显经过精细打磨，制作十分规整。两角残损，刃稍残。背上的圆孔可在使用时安装木柄或竹柄。器身两面有明显的磨痕，属反复使用后留下的痕迹。耘田器是稻田中除草的农具，说明早在距今四千多年前的良渚文化时期已注意加强田间管理，太湖流域的农业经济已相当发达。

玉琮
Jade *Cong*-tube

新石器时代 · 良渚文化
Liangzhu Culture of Neolithic Period

上宽 7.8 厘米　内径 5.6 厘米
Upper Width 7.8 cm　Inner Diameter 5.6 cm

下宽 6.8 厘米　内径 5.1 厘米
Lower Width 6.8 cm　Inner Diameter 5.1 cm

高 31.6 厘米
Height 31.6 cm

褐色。两端圆，中段为方柱体，分十二节。孔内留有明显的对凿痕迹，每节转角处刻有凹形牙状纹饰，在下端起第二、三、四、五节处一侧凹形纹饰内还刻有一小圆圈，仿佛人眼一般。此器线条刻划清晰，比例恰当，呈大气之态。

琮与璧、圭、璋、璜、琥被称为六种礼器，古人谓之"六器"。玉琮的基本形制为内圆外方，以示"天圆地方"。此件装饰有神秘宗教色彩的兽面纹，是太湖流域良渚文化典型器。

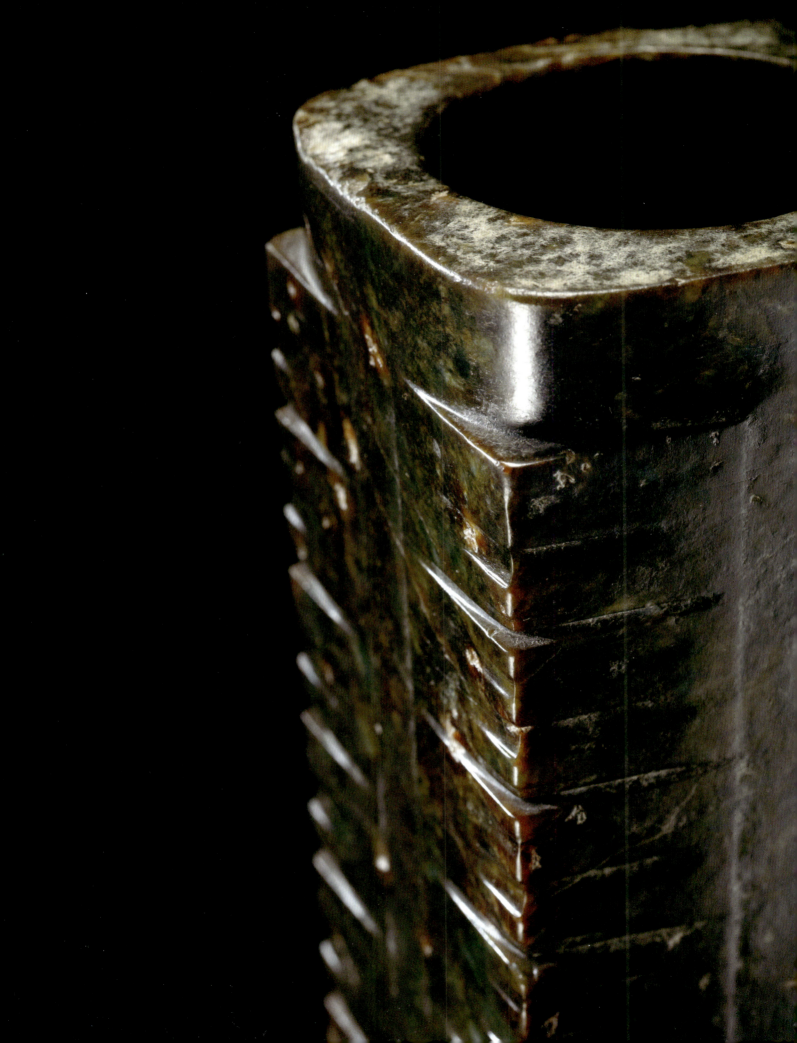

百乳簋

Bronze *Gui*-tureen with Hundred Studs

商（约前 1600－前 1046）
Shang Dynasty (ca. 1600-1046 BC)

口径 22.5 厘米　底径 16.0 厘米　高 15.2 厘米
Diameter of Mouth 22.5 cm　Diameter of Bottom 16.0 cm
Height 15.2 cm

铜质。口微侈，沿外折、深腹、双耳，耳由口沿下
延至腹底，上端饰有兽面，圈足，足下有一矮圈足座。
口沿下两周小菱形纹间饰目雷纹，等距间以对称的
四个兽面。腹部以菱形纹为地，上饰五周乳丁。圈
足上部两周小菱形纹间饰相对回首卷尾鸟纹四组、
并等距间以四个扉棱。

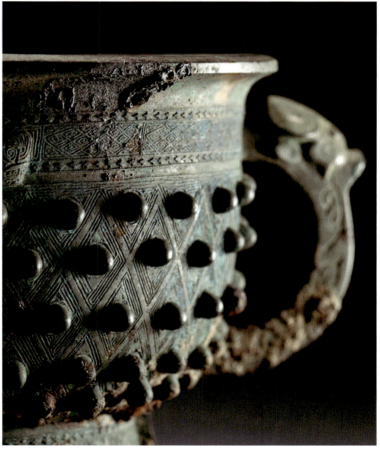

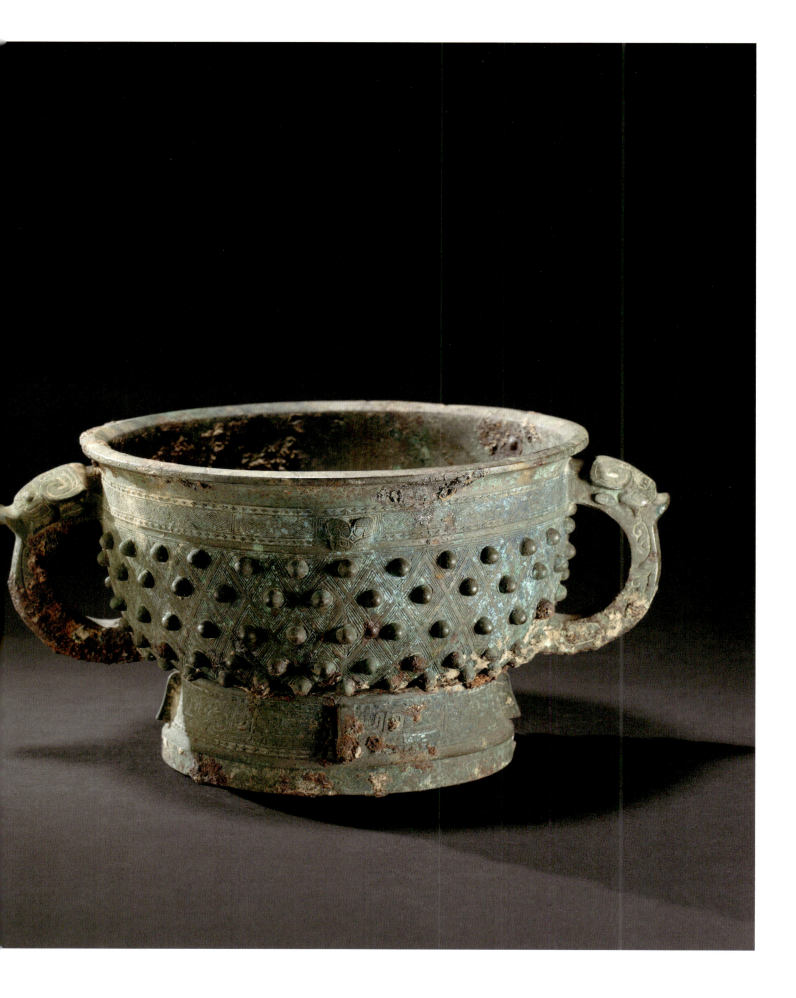

饕餮纹爵

Bronze *Jue*-cup with Animal Mask Pattern

商（约前 1600–前 1046）
Shang Dynasty (ca. 1600-1046 BC)

高 17.7 厘米
Height 17.7 cm

铜质。槽形流，尾部上翘，流根部设两柱，上有菌形顶。杯体呈卵形，深腹，圜底，下附三个外撇的"丁"字形足。腹部一侧设鋬。上腹部饰饕餮纹，鋬饰简化兽首。鋬内有铭文"鈨亚中"三字。

钱墉捐赠。

玉蚕

Jade Silkworm

商（约前 1600–前 1046）
Shang Dynasty (ca. 1600-1046 BC)

长 4.8 厘米
Length 4.8 cm

头宽尾细。蚕首较简，有穿孔。形体较直，节状微凸。

辛中姬鼎
Bronze "Xin Zhong Ji" Ding-tripod

西周（前 1046-前 771）
Western Zhou Dynasty (1046-771 BC)

口径 20.4 厘米　高 20.7 厘米
Diameter of Mouth 20.4 cm　Height 20.7 cm

铜质。折沿、双立耳、鼓腹、圜底，下附三蹄足。口沿下饰一周重环纹和三周弦纹。腹内侧铸铭文 3 行共 19 字，即"辛中姬皇母」作尊鼎其子子孙孙」用享孝于宗老"。

窃曲纹三足鬲

Bronze *Li*-cauldron with Curved Pattern

西周（前 1046–前 771）
Western Zhou Dynasty (1046-771 BC)

口径 31.3 厘米　腹径 33.6 厘米　高 33.7 厘米
Diameter of Mouth 31.3 cm　　Diameter of Belly 33.6 cm　　Height 33.7 cm

铜质。体形较大。折沿，双立耳，袋足较矮。肩部饰一周窃曲纹。
此器具有浓厚的南方特色，时代属西周中后期。

云雷纹钲

Bronze *Zheng*-musical instrument with Cloud-and-thunder Pattern

西周（前 1046-前 771）
Western Zhou Dynasty (1046-771 BC)

长 31.5 厘米　宽 23.5 厘米　高 52.0 厘米
Length 31.5 cm　Width 23.5 cm　Height 52.0 cm

铜质。圆筒形直长甬，甬上有旋。钲两侧各有凸枚六组，每组三枚，
共 36 枚，枚高 1.5 厘米，有景。从衡至铣为中空，与腹腔相通，
栾部有爬虫类装饰。旋饰四组 C 形卷云纹，篆、舞皆饰云雷纹，鼓
边框饰一周云雷纹。甬部留有两范合铸时的接缝。全部纹饰皆为原
铸，布局严谨、稳重。

师㝬盨

Bronze "Shi Yin" *Xu*-tureen

西周（前 1046－前 771）
Western Zhou Dynasty (1046-771 BC)

长 27.1 厘米　宽 17.8 厘米　高 19.5 厘米
Length 27.1 cm　Width 17.8 cm　Height 19.5 cm

铜质。有盖，盖上设夔龙形捉手四枚，造型灵巧。器腹较深，
双附耳，圈足下附四足。盖面、口沿下及圈足上各饰一周重
环纹。器底及盖内分别铸有铭文"隹（唯）王正月既望，」
师㝬乍（作）楷」姬旅盨，子孙」其万年永」宝用"及"隹
（唯）王正月既望，」师㝬乍（作）楷姬」旅盨，子孙其」
万年永宝用"。

玉殓葬饰

Jade Burial Ornaments

春秋（前770-前476）
Spring and Autumn Period (770-476 BC)

苏州真山春秋吴国王室墓出土。此套共511件，由玉面饰、珠襦、玉甲、玉阳具饰组成。

玉面饰共8件，是覆盖在墓主面部的玉器。其中，虎形饰代表双眉，较小的拱形饰代表双眼，较大的拱形饰代表鼻子，玉瑗代表面颊，玉琀代表口。珠襦即上衣，由红色玛瑙管、绿色松石珠、乳白色玛瑙珠和无色透明的水晶珠相间串成。玉甲即下衣，除作为装饰外，主要用来保护人体下腹部，属于护甲的一种。玉阳具饰，三件六片，出土位置在墓主腰部以下的阳具处。面饰、甲片及阳具饰上均刻有纹饰，线条流畅，甚为精美。玉殓葬饰或为金缕玉衣的前身。

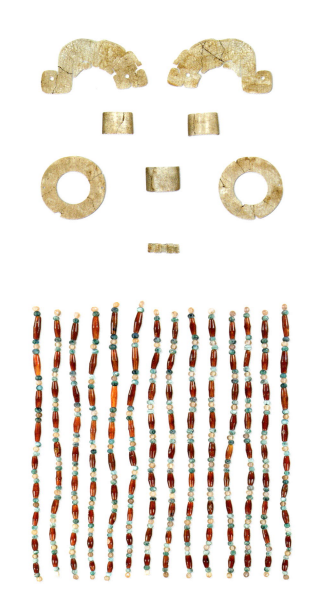

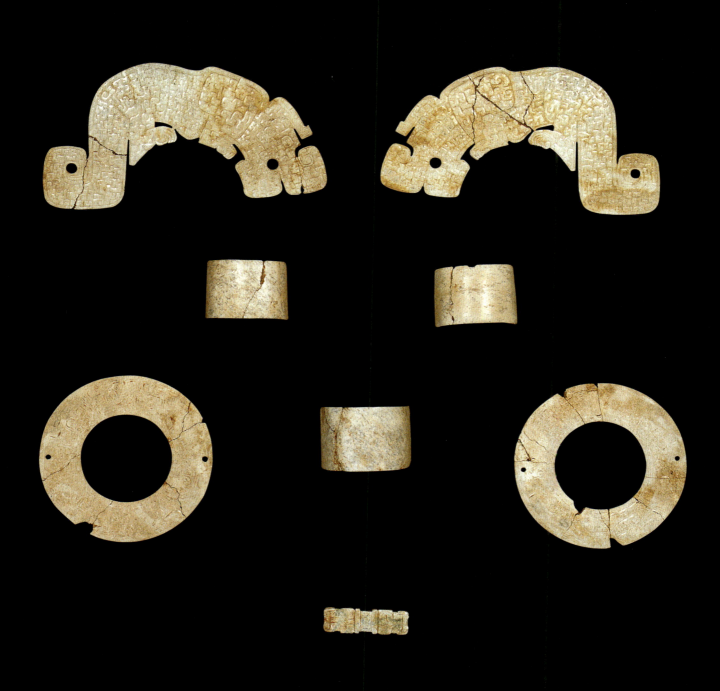

吴王余眛剑

Bronze Sword of Yumo, King of Wu State

春秋（前 770－前 476）
Spring and Autumn Period (770-476 BC)

长 57.5 厘米　宽 4.8 厘米
Length 57.5 cm　Width 4.8 cm

此为吴王寿梦之子剑。剑身出脊隆起，宽斜从，近锋处明显收狭，双刃呈弧曲形，"一"字窄格，格部截面呈菱形，圆实茎设两道箍、圆盘形剑首。双箍饰以荆棘状凸起，为吴国之典型纹饰。剑身、格部均为铜鎏金，剑首留有镶嵌玉石之残痕。茎部留有原始缠缑痕迹，部分缠缑清晰可见。一面剑身铸铭文 2 行，共 75 字，"攻盧（吴）王姑雠亓雠曰：余，寿梦之子；余，虪觖邻之嗣弟。虪觖邻此命初伐麻、败麻，痄（获）眾（众）多；命御㓝（荆）、 㓝（荆）奔，」王围䧅，既北既殃，不争（？）敢槁；命御郔（越）、雉（唯）弗克，未败盧（吴）邦。虪觖邻命戈（我）为王，择厥吉金自作元用剑"。

吴王夫差剑

Bronze Sword of Fuchai, King of Wu State

春秋（前 770-前 476）
Spring and Autumn Period (770-476 BC)

长 58.3 厘米　宽 5.0 厘米
Length 58.3 cm　Width 5.0 cm

剑身、剑脊挺直、线条流畅，宽斜从，近锋处明显收狭，双刃呈弧曲形。剑锷经锻打，锋利无比。剑格为宽格，与剑身相交处亦打磨光亮，设兽面纹，镶嵌绿松石。剑茎为圆茎，缠缑，双箍镶嵌绿松石，加强装饰性。剑首为实心圆盘形，饰八道同心圆纹。剑身一面近剑格处有铭文 2 行，共 10 字，"工吴王夫差」自作其元用"。

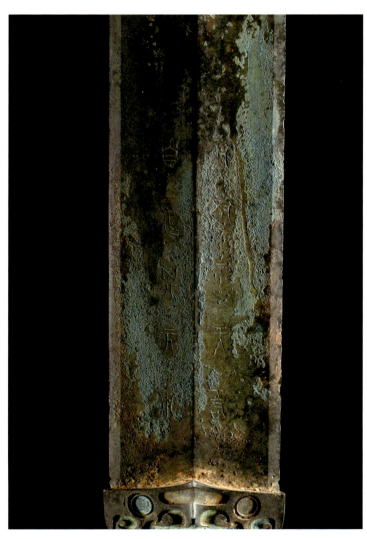

蟠虺纹鼎

Bronze *Ding*-tripod with Coiled Serpent Pattern

春秋（前 770–前 476）
Spring and Autumn Period (770-476 BC)

口径 28.0 厘米　腹径 30.4 厘米　高 35.0 厘米
Diameter of Mouth 28.0 cm　Diameter of Belly 30.4 cm　Height 35.0 cm

苏州新塘六队出土。铜质。有盖。盖母口，盖面上有三立兽，中心为圆纽，纽内套圆环。器身子口，双附耳微外撇、深腹、圜底，下附三牛蹄形足。盖面及器身饰数周蟠虺纹，上腹部蟠虺纹间饰一周绹索纹，足根饰蟠螭纹及兽面。外底有烟炱痕迹。出土时器内盛有骨骼，经鉴定为幼豕。

蟠虺纹三足提梁盉

Bronze *He*-pitcher with Loop Handle and Coiled Serpent Pattern

春秋（前 770–前 476）
Spring and Autumn Period (770-476 BC)

腹径 24.0 厘米　高 28.7 厘米
Diameter of Belly 24.0 cm　Height 28.7 cm

苏州新塘六队出土。铜质。圆形盖，子母口，以铰链与夔龙形提梁
相接。器身圆肩、鼓腹、圜底，下附三蹄形足。腹部一侧为兽面流，
另一侧为蟠螭交相衔接状錾。器身纹饰分为四组，上下两组为三角
云雷纹，中间两组为蟠虺纹各四周，各组纹饰间以绚索纹相隔。流
部饰回纹。此盉造型别致、制作精细、纹饰布局合理、图案华丽，
是吴地青铜器的代表作。

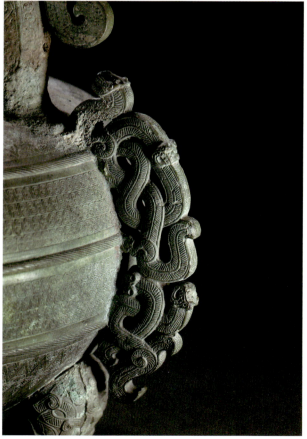

蟠螭纹编钟
Bronze Chime Bells with Coiled Hornless Dragon Pattern

春秋（前770-前476）
Spring and Autumn Period (770-476 BC)

宽 7.0-12.0 厘米　高 12.5-21.0 厘米
Width 7.0-12.0 cm　Height 12.5-21.0 cm

编钟是我国古代大型打击乐器，兴起于西周，盛于春秋战国直至秦汉。
春秋末期到战国时期的编钟数目逐渐增多，有9件一组和13件一组等。
此组铜编钟共9件，器表满饰蟠螭纹，纹饰精美，极具代表性。

"上相邦鉨" 铜印

Bronze "Shang Xiang Bang Xi" Seal

战国（前 475–前 221）
Warring States Period (475-221 BC)

长 3.0 厘米　宽 2.9 厘米　高 2.3 厘米
Length 3.0 cm　Width 2.9 cm　Height 2.3 cm

苏州真山土墩墓（D1M1）出土。青铜质，已锈蚀。覆斗形印台，
桥形纽。印面呈正方形，印文阴刻篆书"上相邦鉨"四字，有磨损，
四周有边栏。秦代以前，无论官、私印皆称为"玺"，此印写作"鉨"。

"启"字玉印
Jade "Qi" Seal

战国（前 475－前 221）
Warring States Period (475-221 BC)

长 1.8 厘米　宽 1.7 厘米　高 1.9 厘米
Length 1.8 cm　Width 1.7 cm　Height 1.9 cm

苏州真山土墩墓（D3M1）出土。青玉质，有白斑。覆斗形印台，桥形纽。印面呈正方形，印文阴刻篆书"启"字，四周有边栏。

 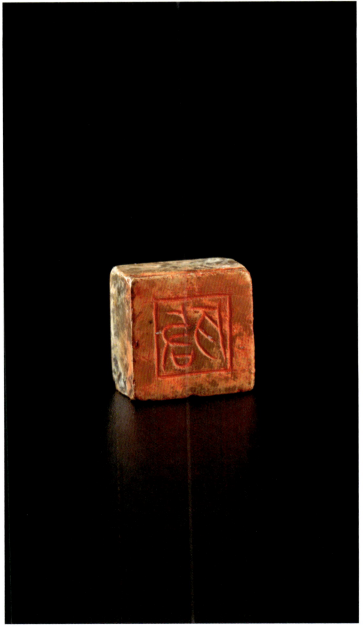

玉月牙形器
Crescent-shaped Jade Object

战国（前 475－前 221）
Warring States Period (475-221 BC)

宽 6.3 厘米　高 4.5 厘米　厚 0.3 厘米
Width 6.3 cm　Height 4.5 cm　Thickness 0.3 cm

苏州高新区鸡笼山土墩墓（D1）出土。表面呈鸡骨白色。月牙形，
中间置一对钻孔。素面。

谷纹璧
Jade *Bi*-disc with Grain Pattern

战国（前 475–前 221）
Warring States Period (475-221 BC)

外径 4.5 厘米　内径 1.9 厘米　厚 0.3 厘米
Outer Diameter 4.5 cm　Inner Diameter 1.9 cm　Thickness 0.3 cm

苏州真山土墩墓（D1M1）出土。白玉质，边缘有土沁。两面均饰谷纹、
内、外边缘各饰一周凹弦纹，形成内外郭。

玉鰈

Jade *She*-archery thumb ring

战国（前 475-前 221）
Warring States Period (475-221 BC)

长 4.7 厘米　宽 4.5 厘米　高 2.1 厘米　孔径 2.0-2.2 厘米
Length 4.7 cm　Width 4.5 cm　Height 2.1 cm　Diameter of Perforation 2.0-2.2 cm

苏州真山土墩墓（D3M1）出土。青玉质，表面发黄。椭圆形环状，内
侧圆而外侧两头微尖。一端饰兽面纹，兽面双眼凸出，眼珠内凹，有凸鼻，
两耳大而扇风，右耳上还有一螺旋状凸起。鰈，系古人射箭时戴在右
手大拇指上用以勾弦的工具。

金郢爰

Gold "Ying Yuan" Currency

春秋（前 770–前 476）
Spring and Autumn Period (770-476 BC)

长 8.7 厘米　宽 7.4 厘米
Length 8.7 cm　Width 7.4 cm

此郢爰为浇铸成的扁平状黄金块，一面钤有"郢
爰"阴文方形章印，共 18 个大小不等的印痕，
部分残缺，周边光滑，无凿痕。郢爰为战国时
楚国所通行的金币，以往有人称之为"金饼""饼
金""印子金""金钣"。"郢"是楚国都城之名，"爰"
可能原是重量名，后变为郢爰的重量名，因而又
成为郢爰的货币名。我国很早就用黄金的重量
计算作为等价交换物，但是把黄金制成一定形
式，钤上货币名称，楚国的郢爰是最早的。

陶郢爰

Clay "Ying Yuan" Currency

战国（前 475–前 221）
Warring States Period (475-221 BC)

长 3.1 厘米　宽 2.7 厘米　厚 0.8 厘米
Length 3.1 cm　Width 2.7 cm　Thickness 0.8 cm

长 4.2 厘米　宽 2.7 厘米　厚 0.7 厘米
Length 4.2 cm　Width 2.7 cm　Thickness 0.7 cm

苏州真山土墩墓（D1M1）出土。此两块陶郢爰，
是由整版的陶郢爰上掰下，断面极不规整。断
面呈夹心状，上下两层为红褐色，中间为黄泥
色。模印阳文"郢爰"二字，四周加边框，字
体和大小均与金郢爰相似。

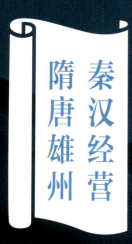

秦汉经营
隋唐雄州

Governing in Qin and Han Dynasties,
Rising in Sui and Tang Dynasties

前 221－960
221 BC–AD 960

秦定中国，分天下为三十六郡，吴地属会稽郡，治在吴县，即今苏州。项羽起兵于此，率江东子弟破秦，成就霸业。汉封诸侯，据鱼盐山川之利，开山煮海，江东经济，骎骎日上。王莽改制，县易名为泰德。至于东汉永建四年（129），分会稽郡另置吴郡，辖县十三，推为首邑。三国鼎立，吴中大族多附孙吴政权。虎丘黑松林墓出土石屏风，线刻精美，人物生动，为彼时生活与信仰之最佳写照。西晋重分天下为十九州，吴郡复隶扬州。两晋之交，北方士族南迁，文化因此融合。至陈后主祯明元年（587），析扬州地，另置吴州。隋开皇九年（589），取姑苏山名，改吴州为苏州，仍隶扬州行台。大运河的开通，纵贯南北，对唐宋以后苏州之经济、文化影响至巨。唐代宗大历十三年（778），苏州升为江南唯一雄州，诗人韦应物、白居易、刘禹锡先后任苏州刺史。唐末五代，藩镇割据，佛教盛行于吴中，苏城寺院林立。鉴真和尚自黄泗浦东渡，赴日本传法，影响至今不绝。

Qin reunited China and divided it into thirty-six prefectures, amongst which Wu belonged to Kuaiji prefecture, with its government office located in Wu County, also known as Suzhou today. Xiang Yu (Overlord of Western Chu) assembled the rebel forces against the Qin Dynasty in this place. He led his troops, overthrew the Qin Dynasty and eventually succeeded. When it came to the Han Dynasty, noble titles were given to lords. People fully explored advantages of mountains and seas, and greatly developed the economy. Emperor Wang Mang exercised a series of reform and renamed it Taide. In AD 129 of the Eastern Han Dynasty, Wu was separated from Kuaiji prefecture and set up as Wu prefecture, with thirteen counties under its jurisdiction, and it was promoted as the first town. During the Three Kingdoms period, most Wu clans obeyed Emperor Sun Quan of Kingdom Wu. The stone screens unearthed from the tomb of the Black Pine Forest in the vicinity of Tiger Hill, with exquisite lines and vivid carved figures, were the best portrayal of life and beliefs at that time. The Western Jin Dynasty re-divided China into nineteen states, and Wu prefecture was under the jurisdiction of Yangzhou again. At the turn of the Western and Eastern Jin Dynasties, the northern gentry moved south, and cultures thus merged. In AD 587, this area was separated from Yangzhou and set up as Wuzhou. In AD 589 of the Sui Dynasty, Wuzhou was changed to Suzhou by taking the name of Gusu Hill, and still belonged to Yangzhou. The opening of the Grand Canal, traversing north and south, had a huge impact on Suzhou's economy and culture since the Tang and Song Dynasties. In AD 778 of the Tang Dynasty, Suzhou developed to be the only major city in the south of the Yangtze River. The poets Wei Yingwu, Bai Juyi and Liu Yuxi served successively as Suzhou governors. At the end of the Tang Dynasty and the Five Dynasties period, vassal states broke away from the rule of the Tang Dynasty to set up separatist regimes one after another. Buddhism prevailed in the Wu area, and many temples were built in Suzhou. Monk Jianzhen traveled east from Huangsipu and went to Japan to preach. His influence continues to this day.

铜权

Bronze *Quan*-weight

秦（前 221–前 207）
Qin Dynasty (221-207 BC)

直径 8.7 厘米　高 6.2 厘米
Diameter 8.7 cm　Height 6.2 cm

八棱柱体，上小下大，中空。外壁铭文为秦始皇诏书和秦二世诏书，是秦朝统一度量衡的实物证据。

金饼
Gold Pieces

西汉（前 202-8）
Western Han Dynasty (202 BC-AD 8)

直径 6.1、6.4 厘米
Diameter 6.1, 6.4 cm

苏州天宝墩 27 号汉墓出土。底面中间内凹、边缘微凸、表面隆起并留有浇注痕迹。表面有刻划符号和戳记。

天宝墩汉墓位于苏州市葑门外 3.5 公里的太保浜、匠门塘南。天宝墩 27 号汉墓发现于 1973 年，位于墩中部南侧，开口距墩面 3 米余，残高 0.6 米，墓葬时代推测为西汉中期，墓主为高级贵族。

"王得之印"骨质龟纽印
Bone "Wang Dezhi Yin" Seal with Tortoise-shaped Knob

汉（前 202-220）
Han Dynasty (202 BC - AD 220)

长 1.6 厘米　宽 1.6 厘米　高 1.2 厘米
Length 1.6 cm　Width 1.6 cm　Height 1.2 cm

骨质。正方形，龟纽。阴文篆书"王得之印"四字，是典型的汉代
私印印文。龟纽印在汉代风靡一时，造型也各具特色。

四乳神兽镜

Bronze Mirror with Mythical Creatures and Four Studs Pattern

汉（前 202—220）
Han Dynasty (202 BC - AD 220)

直径 14.5 厘米　厚 0.5 厘米
Diameter 14.5 cm　Thickness 0.5 cm

苏州小真山四号墩汉墓出土。铜质。圆形，半球形纽，连珠纹纽座，宽平缘。以四乳将主体纹饰分为四区，四乳之间饰以两青龙、两白虎、一麒麟、两蟾蜍、一流云等，主体纹饰内外各饰一周短斜线纹。

连弧星云纹镜
Bronze Mirror with Connected Arc and Nebula Pattern

西汉（前 202–8）
Western Han Dynasty (202 BC - AD 8)

直径 11.3 厘米　厚 0.4 厘米
Diameter 11.3 cm　Thickness 0.4 cm

苏州天宝墩 27 号汉墓出土。铜质。圆形，连峰纽，圆纽座，十六内向连弧缘。纽座围绕八星，其外饰四乳草叶及星云纹。此镜原盛于漆匣内，匣已腐朽。

红陶鸟形纽熏炉

Red Pottery Incense Burner with Bird-shaped Knob

西汉（前 202-8）
Western Han Dynasty (202 BC - AD 8)

口径 7.7 厘米　底径 6.2 厘米　通高 11.2 厘米
Diameter of Mouth 7.7 cm　Diameter of Bottom 6.2 cm　Height 11.2 cm

苏州天宝墩 23 号汉墓出土。泥质红陶，陶质坚硬。子母口、下折腹、平底。盖纽上为立鸟、下为重轮。盖面饰一周三角形镂孔作出烟孔。

釉陶鸟形纽熏炉
Glazed Pottery Incense Burner with Bird-shaped Knob

西汉（前 202-8）
Western Han Dynasty (202 BC - AD 8)

口径 11.0 厘米　底径 5.9 厘米　通高 11.5 厘米
Diameter of Mouth 11.0 cm　Diameter of Bottom 5.9 cm　Height 11.5 cm

苏州新庄徐福墓出土。子母口、弧腹、圈足。盖面装饰三角形镂孔。
胎色灰白，胎质坚硬。盖面及下腹部可见少量薄釉。以鸟形纽为装
饰的豆形熏炉是西汉时期南方地区墓葬中十分常见的随葬品。

陶猪
Clay Pig Statuette

汉（前 202—220）
Han Dynasty (202 BC - AD 220)

长 19.0 厘米　高 10.7 厘米
Length 19.0 cm　Height 10.7 cm

器身整体呈椭圆形。腰圆膀肥，头部前伸、吻部前凸、吻梁隆起、
两耳上翘、脊背鬃毛挺拔、四肢短粗、后尾上卷。此猪形象逼真、
憨态可掬，体态丰满、健壮有力。

绿釉陶仓
Green-glazed Pottery Barn Model

东汉（25-220）
Eastern Han Dynasty (AD 25-220)

口径 5.5 厘米　底径 12.2 厘米　高 24.0 厘米
Diameter of Mouth 5.5 cm　Diameter of Bottom 12.2 cm　Height 24.0 cm

顶部呈伞状，圆筒身，平底，下附三熊形足。仓顶均匀分布 20 条放射状凸线纹，其间用波线表示叠压的瓦纹。器身饰三组凸弦纹。通体施绿釉。汉墓中随葬的陶器，一部分为实用器，另一部分为专为丧葬烧制的模型明器。陶仓即为模型明器，始见于战国、秦代墓葬，汉武帝前后开始盛行，与灶、井、炉等配套使用。

斜方格纹陶井
Pottery Well Model with Diagonal-grid Pattern

汉（前 202-220）
Han Dynasty (202 BC - AD 220)

底径 14.0 厘米　高 28.0 厘米
Diameter of Bottom 14.0 cm　Height 28.0 cm

泥质灰陶。模型明器。此件器形硕长，外形呈平底圆筒状，井栏平面呈"井"字形，满刻斜方格纹，其上有双面屋檐状井架，其两柱立于井口两侧，架顶中间有用作装井辘轳的孔。此井造型逼真，酷似实物，充满生活气息。

陶臼、杵
Pottery Mortars and Pestles

东汉（25—220）
Eastern Han Dynasty (AD 25-220)

臼长 4.0 厘米　宽 3.8 厘米　高 3.6 厘米　杵长 9.1 厘米
Mortar Length 4.0 cm　Width 3.8 cm　Height 3.6 cm　Pestle Length 9.1 cm

臼长 4.7 厘米　宽 4.4 厘米　高 3.7 厘米　杵长 9.1 厘米
Mortar Length 4.7 cm　Width 4.4 cm　Height 3.7 cm　Pestle Length 9.1 cm

苏州娄葑团结大队三多坟墩出土。臼直口，方形内凹，小平底。杵
呈圆柱形，一端略细。

陶拍
Pottery Pat for Stamped Pattern

汉（前 202—220）
Han Dynasty (202 BC - AD 220)

长 8.6 厘米　宽 5.6 厘米
Length 8.6 cm　Width 5.6 cm

泥制黑陶。印面装饰叶脉纹、折线纹，纹饰清晰，线条流畅。背有一桥形捉手。陶拍是古代制作陶器的用具，最早为素面，主要使陶坯坚固，后出现纹饰，用于模制陶面印纹。

何澄及其子女捐赠。

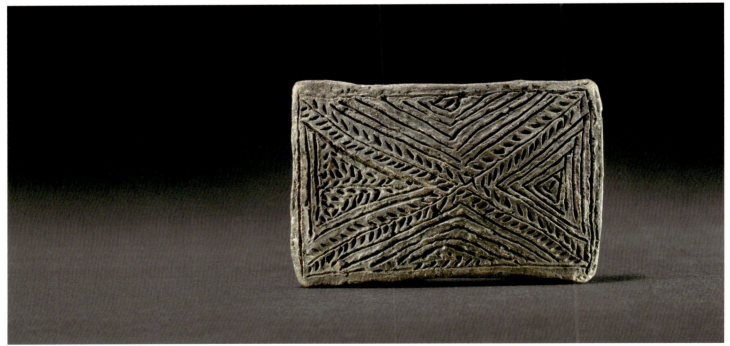

龙凤纹璧
Jade *Bi*-disc with Dragon and Phoenix Pattern

西汉（前 202－8）
Western Han Dynasty (202 BC - AD 8)

直径 18.5 厘米
Diameter 18.5 cm

苏州天宝墩 27 号汉墓出土。青玉质。内圈刻织蒲纹，外圈刻三组
龙凤纹。

勾云纹璧
Jade *Bi*-disc with Cloud Pattern

汉（前 202–220）
Han Dynasty (202 BC - AD 220)

直径 8.5 厘米
Diameter 8.5 cm

青玉质，淡绿色，有土沁。两面均满饰勾云纹。

玉觿

Jade *Xi*-unknotting tool

西汉（前 202—8）
Western Han Dynasty (202 BC - AD 8)

长 6.8 厘米
Length 6.8 cm

苏州天宝墩 27 号汉墓出土。扁平叶形。两
侧透雕卷云纹，中间施一圆孔。

画像砖

Pictorial Brick

西汉（前 202—8）
Western Han Dynasty (202 BC - AD 8)

长 47.0 厘米　宽 37.0 厘米
Length 47.0 cm　　Width 37.0 cm

苏州南门路 46 号第二米厂工地出土。泥
质灰陶，模制。正中为西王母坐于龙虎座
上，双手自然下垂，龙前肢上有一瓶状物，
龙虎座之间穿插上升的云气纹。右下角为
后羿弯弓射日，中下部为扶桑树，树上站
一三足乌，左下角为一大鱼。此砖刻画的
西王母形象为汉代画像砖中常见的题材，
是汉代社会思想的直接反映。

青瓷五联罐

Celadon Pentad Jar

东汉（25–220）
Eastern Han Dynasty (AD 25-220)

腹径 21.7 厘米　高 30.5 厘米
Diameter of Belly 21.7 cm　Height 30.5 cm

苏州孙坚、孙策墓出土。此罐由主罐附加五个小罐组成。主罐溜肩，鼓腹，平底。小罐盘口，长颈，下部急收，与主罐相连。通体施釉，有剥釉。

孙坚（155–191），字文台，吴郡富春人。讨伐董卓有功，封为破虏将军，领豫州刺史。

孙策（175–200），字伯符，孙坚长子。曾自领会稽太守，割据江东，建立孙氏政权。曹操表为讨逆将军，封吴侯。

线刻石屏风
Stone Screen with Carved Design

三国（220–280）
Three Kingdoms Period (AD 220-280)

长 73.0 厘米　宽 71.0 厘米　厚 5.5 厘米
Length 73.0 cm　Width 71.0 cm　Thickness 5.5 cm

苏州黑松林 M4 出土。一面保存良好，画面以阴刻线条描绘人物与纹饰，另一面亦有阴刻人物图像，但漫漶不清，两面形制一致。屏风左右及上部边沿饰以云气纹，画面分上、中、下三层，每层以帷幔分开。下层由右及左为三人一山，分别为小吏一人，头戴平巾帻，身着交领长袍，疑似右手持戟；带剑者两人，头戴无帻之冠，右二佩剑于右侧，右三佩剑于左侧，身背包袱，均作奔跑状，推测为侍卫；最左侧描绘远山一座，呈"工"字形，曲径通幽，云雾缭绕，山峰高耸入云，接入中层。中层由左及右为四人，左二似为主要人物，身着交领长袍，推测为女性，双手自然伸展作演讲状，其余三人或拱手或作凝神倾听状，皆朝向左二；最左侧描绘长方形柱状物，接通上层。上层由左及右亦为四人，左一佩剑于右侧，推测为侍卫，惜面部漫漶不清，似面朝右；左二佩剑于左，双手平推，表情威武，器宇轩昂，推测为该层主要人物，作与右侧二人交谈状；右侧二人装束似与下部中间二人相同，但未佩剑。

陶匜

Pottery *Yi*-washing vessel

西晋（266－317）
Western Jin Dynasty (AD 266-317)

长 15.2 厘米　高 6.3 厘米
Length 15.2 cm　Height 6.3 cm

苏州新苏大队出土。直口，腹弧下收，小
平底，长槽形直流。内饰弦纹。

陶灶

Pottery Kitchen Stove Model

西晋（266－317）
Western Jin Dynasty (AD 266-317)

长 23.0 厘米　高 13.0 厘米
Length 23.0 cm　Height 13.0 cm

苏州制鞋社出土。前圆后方。挡火墙呈"凸"
字形，高出灶身，表面饰刻划纹，下有一
拱形火门。空心圆形烟突，直口。灶面设
一火眼，上置一釜，火眼旁置一小罐。

青瓷虎子

Celadon *Huzi*-chamber pot

西晋（266–317）
Western Jin Dynasty (AD 266-317)

长 22.8 厘米　高 18.3 厘米
Length 22.8 cm　　Height 18.3 cm

苏州平门城墙 9 号墓出土。整体呈椭圆蚕茧状。圆口，作虎头形，
背置斜方格纹提梁，后贴一尾巴，腹部刻有双翼，四足匍匐于下。
造型与南京迈皋桥西晋墓出土的同类器相同。

夏之鼎、翁雒莼菜图册

Water Plant (Brasenia Schreberi)
Xia Zhiding & Weng Luo

清（1644－1911）
Qing Dynasty (AD 1644-1911)

纵 18.9 厘米　横 23.5 厘米
Vertical 18.9 cm　Horizontal 23.5 cm

绢本、设色。此册绘莼菜叶两开，乃夏之鼎与翁雒为徐北海所作。夏之鼎自题："季鹰去后无知己，千里携来思故人。"典出晋张翰"莼鲈之思"。钤"夏之鼎"白文印、"茝谷"朱文印。翁雒款署："北海先生教画。"钤"翁雒私印"白文印。

夏之鼎（1782-1827），字禹庭，号茝谷，江苏吴县（今苏州）人。工书画，初学昆山唐香樵，所作写意花卉禽鸟，无不毕肖。书法神似恽寿平。

翁雒（1790-1849），字穆仲，号小海，江苏吴江（今苏州）人。翁广平次子。初画人物，中年后专攻花鸟草虫水族，尤善画龟。尝作论画绝句，多附轶事。有《小蓬海遗诗》。

郑佩宜捐赠。

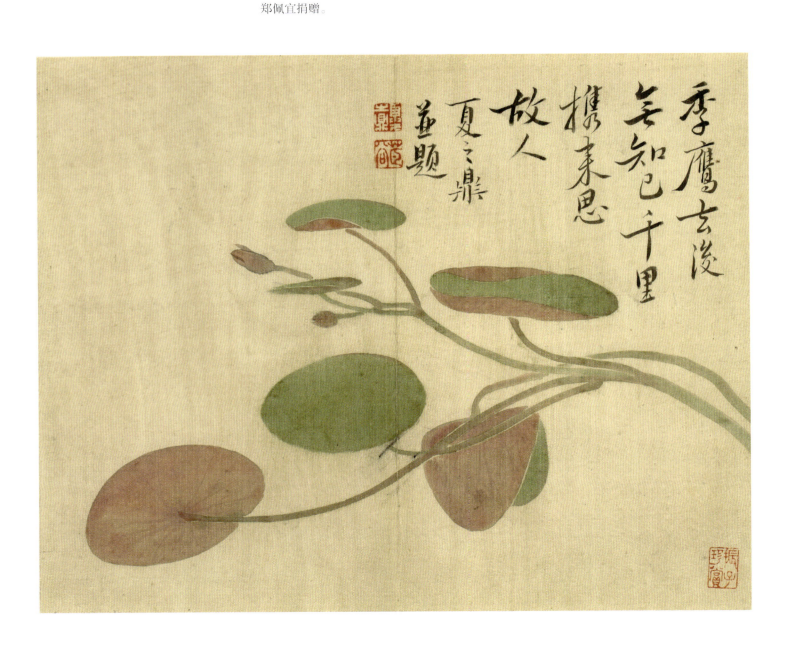

褐釉鸡首壶

Brown-glazed Porcelain Pot with Rooster Head

东晋（317-420）

Eastern Jin Dynasty (AD 317-420)

口径 6.9 厘米　高 15.4 厘米

Diameter of Mouth 6.9 cm　Height 15.4 cm

苏州天宝墩出土。盘口，束颈、鼓腹，底内凹。肩部前置高冠鸡首、珠状目、圆形喙，中空通腹。后部壶把与壶口相接，桥形双系。胎色灰白。除底露胎外，周身满施酱黑色釉。

褐釉鸡首壶

Brown-glazed Porcelain Pot with Rooster Head

东晋（317-420）

青瓷三足砚

Three-legged Celadon Inkstone

东晋（317—420）
Eastern Jin Dynasty (AD 317-420)

直径 11.5 厘米　高 5.0 厘米
Diameter 11.5 cm　Height 5.0 cm

苏州狮子山 M2 出土。圆形，直口，底部等距设三足。胎质坚硬，
施青釉。砚面露胎呈褐色，中间有泥点支烧痕迹。

青瓷三足砚
Three-legged Celadon Inkstone

东晋（317—420）

铜六面方印
Six-sided Bronze Seals

东晋（317-420）
Eastern Jin Dynasty (AD 317-420)

长 2.0 厘米　宽 1.9 厘米　高 3.3 厘米
Length 2.0 cm　Width 1.9 cm　Height 3.3 cm

长 2.0 厘米　宽 2.0 厘米　高 3.3 厘米
Length 2.0 cm　Width 2.0 cm　Height 3.3 cm

苏州狮子山 M2 出土。印台呈长方形，方柱形纽，有穿。印台底面、侧面及纽面均有篆书印文。其一，印面为"张田夫"，纽面为"白记"，四侧分别为"张田夫白笺""张田夫白事""臣田夫"及画像。其二，印面为"张益期"，纽面为"白记"，四侧分别为"臣益期""张益期白笺""张益期白事""益期言疏"。

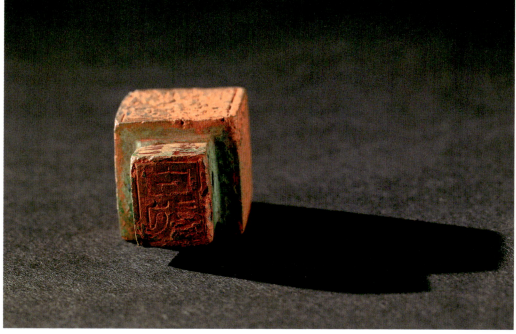

滑石猪
Talc Pigs

东晋（317-420）
Eastern Jin Dynasty (AD 317-420)

长 8.5、8.2 厘米
Length 8.5, 8.2 cm

长 7.8、8.2 厘米
Length 7.8, 8.2 cm

苏州狮子山 M1、M2 出土。整体近长柱形、圆目、长吻、双耳后抿、短尾、屈腿趴卧、下腹部为平面。按其轮廓雕刻数刀，将猪的形态与神态表现出来，形象生动，直雕与斜雕兼用，雕法简练、有力、流畅。

赵孟頫兰亭序

Preface to Orchid Pavilion Gathering
Zhao Mengfu

元（1271—1368）
Yuan Dynasty (AD 1271-1368)

纵 24.2 厘米　横 12.2 厘米
Vertical 24.2 cm　Horizontal 12.2 cm

此为赵孟頫临仿定武本之作。《兰亭序》传世刻本数百，而以定武本为最。赵孟頫于《兰亭序》浸淫既深，下笔即能形神毕肖，此册之笔法、结字，皆历历可见。款题"子昂"，钤"赵氏子昂"朱文印。

赵孟頫（1254—1322），字子昂，号松雪道人，浙江湖州人，宋朝宗室。至元二十三年（1286）应召至元大都，后官至翰林学士承旨。其在诗文、音律、书法、绘画、古物鉴定等方面均颇有造诣。书法上溯二王，楷、行、草无一不精，有"赵体"之称，于后代影响甚大。绘画上提倡复古，擅山水、鞍马、花鸟、人物，为元代画坛宗师。有《松雪斋文集》十卷。

何澄及其子女捐赠。

趙松雪臨定武蘭亭叙真蹟　晴嵐珍玩

永和九年歲在癸丑暮春之初
于會稽山陰之蘭亭脩禊事
也羣賢畢至少長咸集此地
有峻領茂林脩竹又有清流激
湍暎帶左右引以為流觴曲水

列坐其次雖無絲竹管弦之
盛一觴一詠亦足以暢叙幽情
是日也天朗氣清惠風和暢仰
觀宇宙之大俯察品類之盛
所以遊目騁懷足以極視聽之

知老之將至及其所之既惓情
隨事遷感慨係之矣向之所
欣俛仰之間以為陳迹猶不
能不以之興懷況脩短隨化終
期於盡古人云死生亦大矣豈

不痛哉每攬昔人興感之由
若合一契未嘗不臨文嗟悼不
能喻之於懷固知一死生為虛
誕齊彭殤為妄作後之視今
亦由今之視昔
悲夫故列

叙時人錄其所述雖世殊事
異所以興懷其致一也後之攬
者亦將有感於斯文

右軍蘭亭帖高曾短矮所存
眜池家不得不闷渌顧唐宗
勾拓之末今世益復希有東

晉風流邈若河溪此趙松雪
臨本遺韻猶在非伯玉之省
仲尼也平生不仿以師千文倒
臨八百本未及百本而止自恨

無旺景彩弄筆姿天挺為
嗜學鋭甚司以此卷歸之
眤門八百本不弄畫不進耳

晴嵐世執弱冠工書性復嗜古直盧清暇
出松雪翁手橅禊帖見眜屬正定之褚絹
繞枝古香可愛玉其行筆秀潤道逸仍
徐文敏本色正如褚臨晉帖石尖為唐人
之佳吳艷卷謂文敏以書名家其視右軍

雍正乙卯清明張照識

自謂能脱不負心故亦上趙似不愧後
孟猝叔而運筆布形不免露本來面目
回知我用我法名手類然
晴嵐研究八體賞鑒精審必以余言為允
尚珠藏弄永作書庫之鎮　雍正乙卯上

巳後一日靜海勵宗萬識

白釉短流壶

White-glazed Porcelain Pot with Short Spout

隋（581–618）
Sui Dynasty (AD 581-618)

口径 7.8 厘米　底径 5.3 厘米　高 6.7 厘米
Diameter of Mouth 7.8 cm　Diameter of Bottom 5.3 cm　Height 6.7 cm

敛口，圆唇．腹圆如鼓、圈足外撇，一侧有一短流。器身施白釉、釉不及底。

何澄及其子女捐赠。

京杭大运河图卷
The Grand Canal

清（1644−1911）
Qing Dynasty (AD 1644-1911)

纵 25.0 厘米　横 652.5 厘米
Vertical 25.0 cm　Horizontal 652.5 cm

纸本，彩绘，经折装。此图卷首起自京师，卷尾止于绍兴府，重点绘制运道沿途的州县、山峦、湖泊、河流、名胜等地物。图幅整体绘制精美，手法简洁。

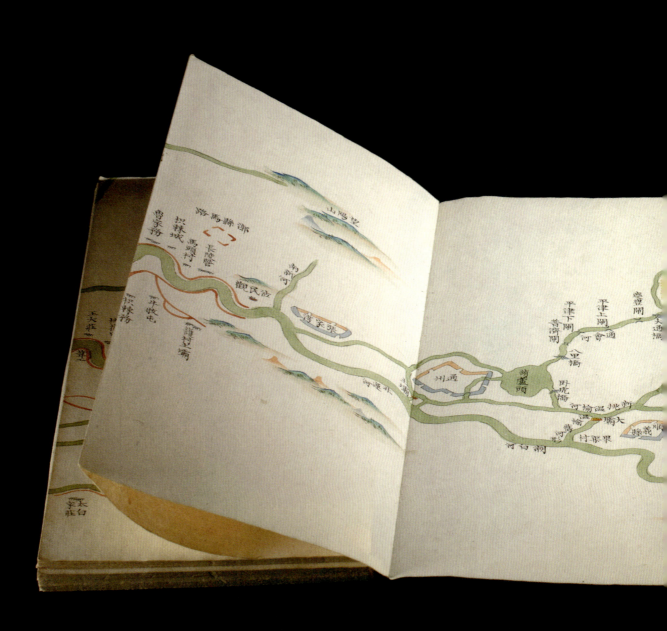

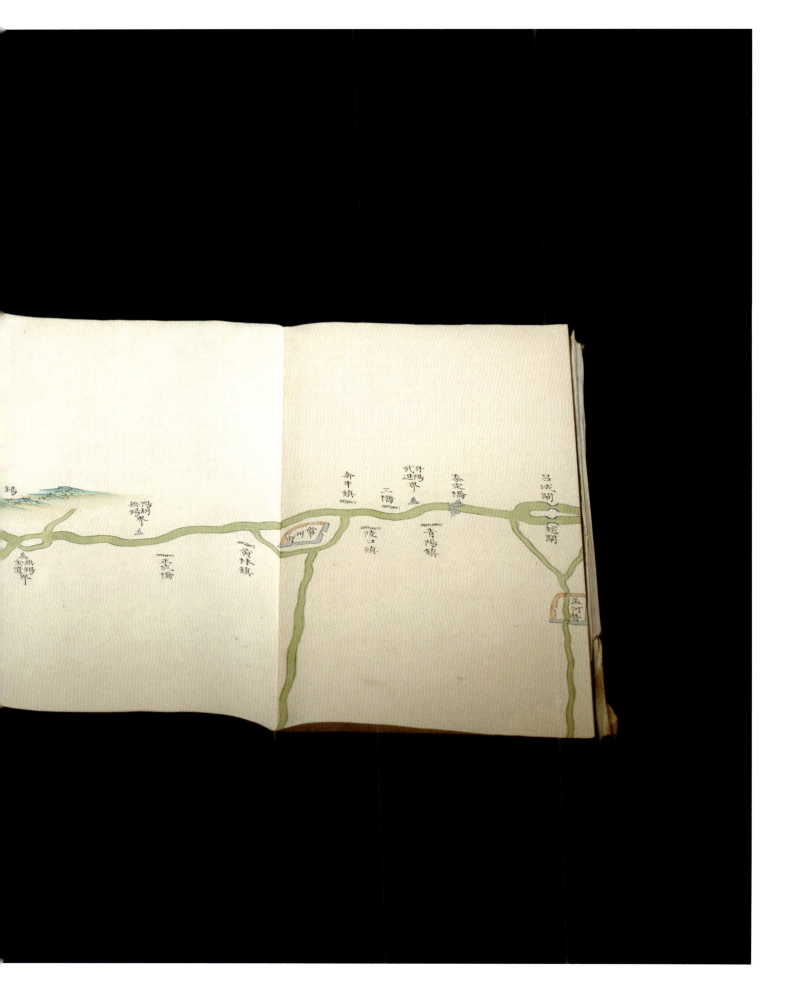

剔墨历代帝王将相像册

Portraits of Emperors, Court Officials and Generals of Successive Dynasties

清（1644－1911）
Qing Dynasty (AD 1644-1911)

纵 24.7 厘米　横 20.5 厘米
Vertical 24.7 cm　Horizontal 20.5 cm

此册绘历代名人小像，右侧均有对题简述其生平。冠服采用剔墨法绘制，仿墨拓效果，面部则用白描法，略有晕染，神情毕肖。其中，项羽、孙权、白居易三家小传云：

项王，名籍，字羽。目重瞳，有胆力。初同汉高帝共事，楚怀王立为义帝，起兵攻秦，杀降王子婴，自立为西楚霸王。又弑义帝，与汉为敌。至乌江兵败势蹙，遂自刎。盖恃勇力而不屑仁义者，不亡何待。

吴大帝，孙姓，名权，字仲谋。承父兄余烈，奄有荆扬。任用贤俊，谋谟勇略，迭出于中。赤壁之胜，竟摧大敌，雄据一方，卒成霸业，四传而六十年。

白乐天，名居易，始生七月能展书，指"之、无"二字示之，虽百数不差。年十七登进士第，诗云："慈恩塔上题名处，十九人中最少年。"唐元和中对策，授左拾遗，迁主客郎中，知制诰。晚年放意诗酒，号醉吟先生，称香山居士，绘九老图，为刑部尚书。

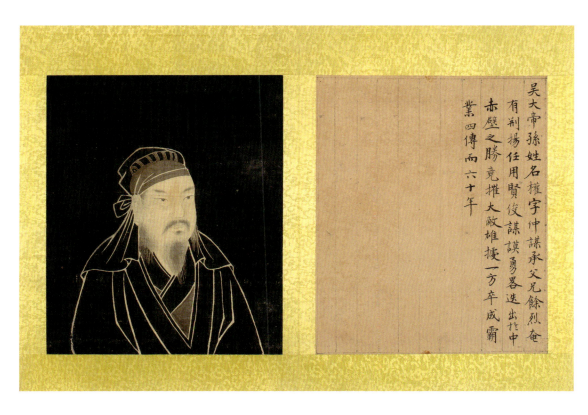

吴大帝孫姓名權字仲謀承父兄餘烈奋
有荆揚任用賢俊謀謨勇畧迭出扵中
赤壁之勝竟摧大敵據一方卒成霸
業四傳兩六十年

白樂天名居易始生七月能展書指之無二字
示之雖百數不差年十七登進士第詩云慈
恩塔上題名處十九人中最少年唐元和中
對策擢左拾遺遷主客郎中知制誥號年
放意詩酒號醉唫先生稱香山居士繪九老
尚爲刑部尚書

陶文官俑

Terracotta Statuette of a Civil Official

唐（618-907）
Tang Dynasty (AD 618-907)

高 50.7 厘米
Height 50.7 cm

头戴进贤冠，展筩刻画清晰、分歧、深目高鼻、口微张、双手抱于胸前。身着红色裲裆铠，腰系带，内穿宽袖及地长衫，露足。此类俑是唐代高等级墓葬中常见的形象，通常称为文官俑，是唐代雕塑的代表作品。

陶牵马胡人俑

Terracotta Statuettes of Horse and Foreign Groom

唐（618–907）
Tang Dynasty (AD 618-907)

马长 54.5 厘米
Length of Horse 54.5 cm

胡人俑高 39.5 厘米
Height of Foreign Groom 39.5 cm

苏州横塘新兴大队唐墓出土。人、马均为红陶合范制成。胡人高鼻深目，头戴幞头，身着翻领紧袖长衫，腰扎革带，脚穿高腰皮靴，一手侧向伸出，一手置于胸前作牵马状。马站立于长方形踏板上，鞍鞯齐全，头部较小，丰胸肥臀，是典型的突厥马形象。

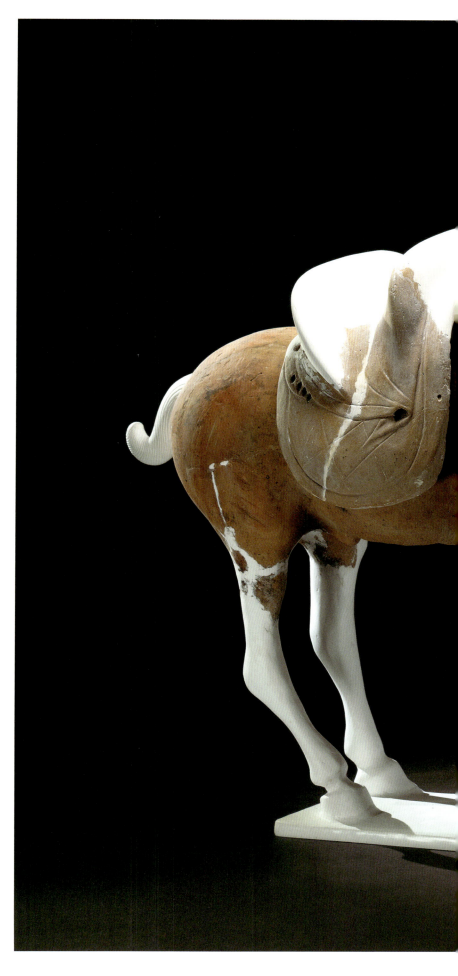

陶乐舞俑
Terracotta Statuettes of Musicians and Dancers

唐（618-907）
Tang Dynasty (AD 618-907)

坐俑高 20.8 厘米
Seated Statuette Height 20.8 cm

立俑高 32.5 厘米
Standing Statuette Height 32.5 cm

苏州横塘新兴大队唐墓出土。红陶，合范制成。均头梳高髻，身着
及地长裙。坐俑着半臂，正在演奏琵琶等乐器。立俑着帔帛，双手
合抱于胸，似在聆听美妙的音乐。

巩县窑褐绿彩绞胎裴家花枕

Brown-and-green-glazed Porcelain Pillow in *Jiaotai*-mixed clay Technique, Gongxian Kiln

唐（618-907）
Tang Dynasty (AD 618-907)

长 21.5 厘米　宽 14.7 厘米　高 10.0 厘米
Length 21.5 cm　　Width 14.7 cm　　Height 10.0 cm

枕部略凹弧。枕面上三组白褐相间的绞胎团花，中间为一圆形莲花，分出五瓣梅花状花蕊；左右两组纹饰略小且有弧角、形如蓓蕾，纹理富有变化。枕墙以褐色圈、点、线组成花形连续图案、色彩和谐，造型大方，装饰美观。枕底施绿彩，直行"裴家花枕"刻款。绞胎是唐代开始兴起的一个装饰品种，用白褐两种色调的瓷土相间揉和在一起，然后拉坯成形，上釉焙烧即成绞胎瓷器。已知唐代有"杜家花枕"和"裴家花枕"，传世极少。

三彩鸳鸯扁壶
Tri-colored Pottery Flask with Mandarin Duck Design

唐（618—907）
Tang Dynasty (AD 618-907)

高 15.8 厘米　宽 11.7 厘米　厚 6.9 厘米
Height 15.8 cm　Width 11.7 cm　Thickness 6.9 cm

苏州娄葑新生三队出土。杯形口，截面呈橄榄形，厚唇、长颈内收，腹扁鼓，假圈足外撇，肩有二鸳鸯系。正、背两面腹部饰模印宝相花。白胎。施黄褐、绿、白三色釉彩，假圈足无釉，釉色明亮清澈，略有剥落。

白釉蓝彩环柄杯、浅口碗
White-glazed Cup and Bowl with Blue Decoration

唐（618-907）
Tang Dynasty (AD 618-907)

杯　口径 7.1 厘米　底径 4.2 厘米　高 5.7 厘米
Cup　Diameter of Mouth 7.1 cm　Diameter of Bottom 4.2 cm　Height 5.7 cm

碗　口径 10.2 厘米　底径 5.5 厘米　高 3.9 厘米
Bowl　Diameter of Mouth 10.2 cm　Diameter of Bottom 5.5 cm　Height 3.9 cm

杯侈口，沿外卷，圆唇，深腹，下腹及圈足均向外撇，口下附一环形柄。
器内外均施白釉，釉不及底，内外饰蓝绿彩。碗侈口，沿外卷，圆唇，
浅腹，矮圈足。器内外均施白釉，釉不及底，内外饰蓝彩。

金龙
Gold Dragon

唐（618-907）
Tang Dynasty (AD 618-907)

长 24.5 厘米　高 8.3 厘米
Length 24.5 cm　Height 8.3 cm

苏州西山林屋洞出土。纯金质。锤打剪裁成形，呈片状。龙首高昂，上腭凸出，舌细长，口大张，下腭下卷，角不分叉，尖端上曲，有须，长鬃后披，蛇颈，腹身粗壮上曲，虎尾上扬，前胸有飞翼，四瓣兽足，火焰状背鳍，前双肢举起，一后肢蹬地，另一后肢抬离地面，全身錾刻较大的 C 形鳞片。

林屋洞位于苏州西南太湖之中的西山岛上，今金庭镇东部湖滨，因洞平如屋、石立如林而得名。汉代已被发现，古时称毛公洞、包山洞、龙洞、林屋洞。自唐代始，林屋洞成为道教投龙的重要场所，历五代至宋，绵延不绝。1982 年整修该洞时，出土梁天监二年（503）二十名道士隐居洞中修道记事的石碑、唐宋金龙等文物。

玉龟

Jade Tortoise

唐（618-907）
Tang Dynasty (AD 618-907)

长 7.7 厘米
Length 7.7 cm

白玉琢成，玉色白中微黄，并有棕黄色玉隔。其形为头向前上昂，唇鼻上翘、双目圆瞪、顶生独角后垂、背隆如鳖、双肩微耸、五爪四足内向抱胸、后尾左上翘于背。

玉鱼

Jade Fish

唐（618-907）
Tang Dynasty (AD 618-907)

长 11.0 厘米
Length 11.0 cm

此鱼为唐仿战国之作。鱼嘴方阔，有腮，眼睛以细阴刻线琢出小圆眼及眼珠，以斜方格纹饰鱼鳞，以粗阴刻线雕出鱼尾和鱼鳍。两面工，腹部上下各有一孔。鱼形体态丰满合度，体现了唐代高超的仿古技法。

吴冠中甪直保圣寺罗汉图

Scroll of Arhats at Baosheng Temple, Luzhi Town
Wu Guanzhong

现代
Contemporary

纵 105.0 厘米　横 202.0 厘米
Vertical 105.0 cm　Horizontal 202.0 cm

纸本，设色。吴冠中于1980年访苏州角直镇保圣寺，创作若干幅罗汉图。此幅布局严谨，运笔疾速恣意，显示出画家运用娴熟的线条与色点交融的特点，气势雄浑，笔力豪强，贯透全纸。钤"荼"朱文印、"吴冠中印"白文印。

吴冠中（1919-2010），别名荼，江苏宜兴人。师从常书鸿、关良、潘天寿，致力于油画民族化和中国画现代化的探索，形成了鲜明的艺术特色，堪称20世纪现代中国绘画的杰出代表性画家之一。有《吴冠中谈艺集》《吴冠中散文选》等。

宋开宝八年（975），吴越王钱弘俶改中吴军为平江军，属江南道。太平兴国三年（978）吴越纳土归宋，复置苏州，转属两浙路。吴越国时期，修筑砖城，城内河街相依，水陆并行，坊巷格局影响至今。范仲淹任郡守，创建府学，号称"东南学宫之首"，自此苏州文教昌盛，群英荟萃，俊彦辈出。苏舜钦隐居吴门，引水建亭，私家园林由此肇端。政和三年（1113），苏州改称平江府。承平既久，市井繁华，百工兴盛，物阜民丰，美其名曰"人间天堂"。范成大《吴郡志》载"天上天堂，地下苏杭""苏湖熟，天下足"之语。南宋无款《消夏图》页，集主客于方寸之间，为文人生活写真，界画严整，设色古艳，晕染工细，俱见丰神，一段风韵自然流露，出于绢素之外。元初毁城，改置平江路，属江淮行省。元末张士诚据苏州，与民休息，立碑纪功，未几虽败，而人怀其德。

In AD 975 of the Song Dynasty, Qian Hongchu, King of Wuyue, abolished the military commander system and changed it to Pingjiang Army, which belonged to Jiangnan dao (an administrative region). In AD 978, Kingdom of Wuyue submitted to the authority of the Song government. Suzhou was set up again and transferred to Liangzhe lu (an administrative region). At the time of the Kingdom of Wuyue, the brick city was built. Canals went along streets, and the land and water were parallel. The structure of blocks and lanes still has impact to this day. Fan Zhongyan was appointed as the governor and founded school, which took the leading role among academies in the southeast. Since then, the culture and education of Suzhou flourished, with a gathering of talents and great minds. Su Shunqin lived in Wu in seclusion and diverted water to build a pavilon, which started the tradition of building private gardens. In AD 1113, Suzhou was renamed as Pingjiang prefecture. The times of peace lasted for a long time with prosperous commerce and industry. Supplies were abundant and people were well off. Therefore, it was nicknamed as "paradise on earth". Fan Chengda wrote in *Records of Wu Prefecture* that "Up in heaven, there is paradise; down on earth, there are Suzhou and Hangzhou" and that "Good harvest in Suzhou and Huzhou feeds the whole country". The painting *Whiling Away the Summer* from Southern Song Dynasty depicted hosts and guests on a small leaf to show the life of literati. It was drawn with neat lines, gorgeous colors and fine technique, with its charm shown in and out of the painting. In the early Yuan Dynasty, the city was destroyed and replaced by Pingjiang lu (an administrative region), which belonged to Jianghuai province. In the late Yuan Dynasty, Suzhou was taken over by Zhang Shicheng. He worked together with people and erected a monument to commemorate the achievements. Although he was defeated soon later, his merits have been memorized.

金书妙法莲华经卷
The Lotus Sutra Written in Gold

唐、五代（618—960）
Tang Dynasty to Five Dynasties Period (AD 618-960)

纵 27.0-27.6 厘米　横 951.0-1215.5 厘米
Vertical 27.0-27.6 cm　Horizontal 951.0-1215.5 cm

1978 年于苏州瑞光寺塔第三层塔心的天宫中发现。共七卷，每卷除卷首部略有破损外，基本完好，以泥金于碧纸上书写而成，部分有金丝栏。书体充分体现了唐人小楷浑穆秀丽的风姿，字体劲健，书写风格更显雍容，每一笔都是柔中带刚、整体颇有晋人风致。从这部经书的字体、笔法、规度、风格，似见初唐书法家的笔意神采，无疑是"经生"书法小楷中的上品。每卷引首有"经变"图一幅，画面以泥金绘制，略设色，线条精工流畅，佛像庄严生动。卷一的"经变"图中有各种姿态的童子，背面为泥金绘牡丹图案，外为几何纹边框。画面左上角泥金楷书"妙法莲华经卷第 ×"题签。第一卷尾部墨书题记"常州建元寺长讲法华经，大德知□记"。第二卷尾部墨书题记"大和辛卯四月二十八日修补记"。第七卷尾部金书题记"时显德三年岁次丙辰十二月十五日，弟子朱承惠特舍净财，收赎此古旧损经七卷，备金银及碧纸请人书写……"此类有纪年可考且完整的《妙法莲华经》极为稀有，是我国佛教文物中罕见的精品，也是我国书法艺术宝库中的奇珍瑰宝。

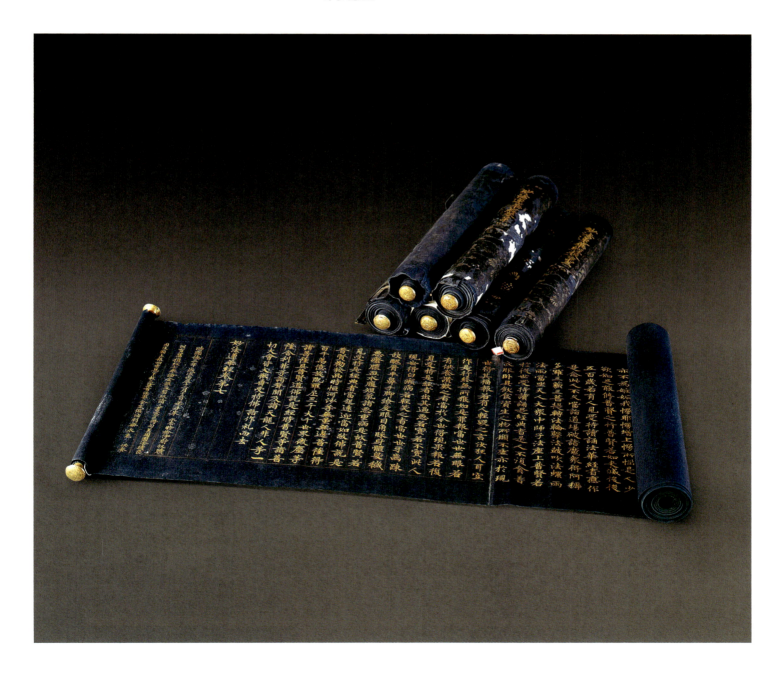

妙法蓮華經序品第一

如是我聞一時佛住王舍城耆闍崛山中與
大比丘眾萬二千人俱皆是阿羅漢諸漏已
盡無復煩惱逮得己利盡諸有結心得自在
其名曰阿若憍陳如摩訶迦葉優樓頻螺
迦葉伽耶迦葉那提迦葉優樓頻螺
摩訶迦旃延阿㝹樓馱劫賓那憍梵波提離
婆多畢陵伽婆蹉薄拘羅摩訶拘絺羅難陀
孫陀羅難陀富樓那彌多羅尼子須菩提阿
難羅睺羅如是眾所知識大阿羅漢等復有
學無學二千人摩訶波闍波提比丘尼與眷
屬六千人俱羅睺羅母耶輸陀羅比丘尼亦與
眷屬俱菩薩摩訶薩八萬人皆於阿耨多羅
三藐三菩提不退轉皆得陀羅尼樂說辯才
轉不退轉法輪供養無量百千諸佛於諸佛
所殖眾德本常為諸佛之所稱歎以慈修身
善入佛慧通達大智到於彼岸名稱普聞
無量世界能度無數百千眾生其名曰文殊
師利菩薩觀世音菩薩得大勢菩薩常精進
菩薩不休息菩薩寶掌菩薩藥王菩薩勇施

丘比丘尼優婆塞優婆夷天龍夜叉乾闥婆
阿脩羅迦樓羅緊那羅摩睺羅伽人非人及
諸小王轉輪聖王是諸大衆得未曾有歡喜
合掌一心觀佛尒時佛放眉閒白毫相光照
東方萬八千世界靡不周遍下至阿鼻地獄
上至阿迦尼吒天於此世界盡見彼土六趣
衆生又見彼土現在諸佛及聞諸佛所說經
法并見彼諸比丘比丘尼優婆塞優婆夷諸
修行得道者復見諸菩薩摩訶薩種種因
緣種種信解種種相貌行菩薩道復見諸
佛般涅槃者復見諸佛般涅槃後以佛舍利
起七寶塔尒時弥勒菩薩作是念今者世尊現
神變相以何因緣而有此瑞今佛世尊入于三昧
是不可思議現希有事當以問誰誰能荅者
復作此念是文殊師利法王之子已曾親近
供養過去無量諸佛必應見此希有之相我
今當問尒時比丘比丘尼優婆塞優婆夷及
諸天龍鬼神等咸作此念是佛光明神通
之相今當問誰尒時弥勒菩薩欲自決疑
又觀四衆比丘比丘尼優婆塞優婆夷及
諸天龍鬼神等衆會之心而問文殊師利言
以何因緣而有此瑞神通之相放大光明照于
東方萬八千土悉見彼佛國界莊嚴扵是弥
勒菩薩欲重此義以偈問曰

万天子俱復有名月天子普香天子寶光天
子四大天王與其眷屬萬天子俱自在天
大自在天子與其眷屬三萬天子俱娑婆世
界主梵天王尸棄大梵光明大梵等與其眷
屬萬二千天子俱有八龍王難陀龍王跋難
陀龍王娑伽羅龍王和修吉龍王德义迦龍
王阿那婆達多龍王摩那斯龍王優鉢羅龍
王等各與若干百千眷屬俱有四緊那羅
法緊那羅王妙法緊那羅王大法緊那羅王
持法緊那羅王各與若干百千眷屬俱有四
乾闥婆王樂乾闥婆王樂音乾闥婆王美乾
闥婆王美音乾闥婆王各與若干百千眷屬
俱有四阿脩羅王婆稚阿脩羅王佉羅騫大
阿脩羅王毗摩質多羅阿脩羅王羅睺阿脩
羅王各與若干百千眷屬俱有四迦樓羅王
大威德迦樓羅王大身迦樓羅王大滿迦樓
羅王如意迦樓羅王各與若干百千眷屬俱
韋提希子阿闍世王與若干百千眷屬俱
各礼佛足退坐一面
尒時世尊四衆圍繞供養恭敬尊重讚嘆為
諸菩薩說大乘經名無量義教菩薩法佛所
護念佛說此經已結加趺坐入於無量義處三
昧身心不動是時天雨曼陀羅華摩訶曼陀
羅華曼殊沙華摩訶曼殊沙華而散佛上

嵌螺钿经箱
Sutra Case Inlaid with Mother-of-pearl

五代（907—960）
Five Dynasties Period (AD 907-960)

长 34.8 厘米　宽 13.7 厘米　高 12.7 厘米
Length 34.8 cm　Width 13.7 cm　Height 12.7 cm

1978 年于苏州瑞光寺塔第三层塔心的天宫中发现。木胎、通体髹黑漆，用天然彩色的螺钿嵌出各种图案，雍容华贵。碧纸金书《妙法莲华经》先用极细的竹丝编织成经帙包裹，然后存放在此件黑漆嵌螺钿经箱中。经箱分盖、身、台三部分。盖为盝顶长方形套盖，盖面图案在散花中聚成三朵团花，中间镶半圆形水晶，并点缀五彩宝石。四周斜坡和边沿嵌有瑞花，菱形环带花纹间以蝴蝶和飞鸟状钿片。箱身壁面四周嵌缠枝石榴、牡丹等花卉。台座采用须弥座形式，设 16 个凹形台门，中有堆漆描金瑞草、金碧辉煌。

檀龛宝相

Sandalwood Niche with Statuettes of Buddha

唐、五代（618-960）
Tang Dynasty to Five Dynasties Period (AD 618-960)

高 19.3 厘米　宽 6.3 厘米
Height 19.3 cm　Width 6.3 cm

1956 年于苏州虎丘云岩寺塔第三层发现。檀香木质、枯朽较甚，原涂色彩已褪，残留描金痕迹。下为束腰须弥式莲座，上承三连式佛龛，分为主龛和扉龛，半圆形的主龛与莲座通体相连，三角形的扉龛与主龛的边缘、上下各钻有小孔，穿绳系结，玲珑剔透，可启可合。佛龛幅面不大，均作深镂圆雕，主龛"本尊"是立相观音，神态端庄，足踏藕生莲花，藕之左右为荷叶、莲蓬，莲上蹲善财童子，双手合十膜拜。两侧扉龛各雕"胁侍""飞天"。所雕人物表情各异，姿态面容无一类同，栩然生趣。

唐代佛教兴盛，檀龛宝相玲珑纤巧，便于佛徒携带宣教或信士案头供奉，风靡一时。云岩寺塔发现的这尊檀龛宝相，既无纪年又无作者题名，结合其建塔年代是五代后周显德六年至北宋建隆二年（959-961），以及这尊檀龛宝相雕作的宝冠造型和风格等方面，推测其年代应不晚于五代，上溯可至唐代。檀龛宝相的发现，在国内尚属首次。

雕版印刷《大隋求陀罗尼》经咒

"Mantras of the Dharani Sutra", Block Printing

北宋（960–1127）
Northern Song Dynasty (AD 960-1127)

纵 44.5 厘米　横 36.1 厘米
Vertical 44.5 cm　Horizontal 36.1 cm

1978 年于苏州瑞光寺塔第三层发现，藏于真珠舍利宝幢内。皮纸印刷。"大隋求"，经名，"陀罗尼"，梵文咒语之意，即大神咒经。汉文《大隋求陀罗尼》经咒，以大日如来像为中心，按顺时针方向由内而外连续环以同心圆排列的经文，四角为四天王像，下部正中长方形框内印有"剑南西川城都府净众寺讲经论持念赐紫义超同募缘传法沙门蕴仁传法沙……同入缘男弟子张日宣……同入缘女弟子沈三娘……咸平四年十一月　日杭州赵宗霸开"。"开"即雕版的意思。经咒两边直线栏内有十八名职官之名。

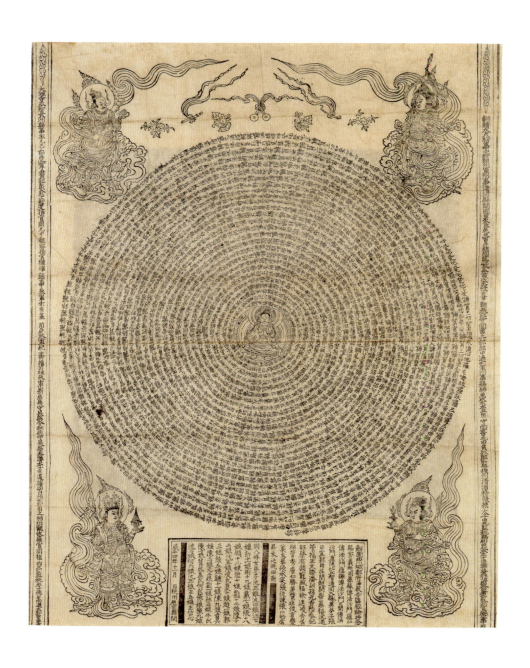

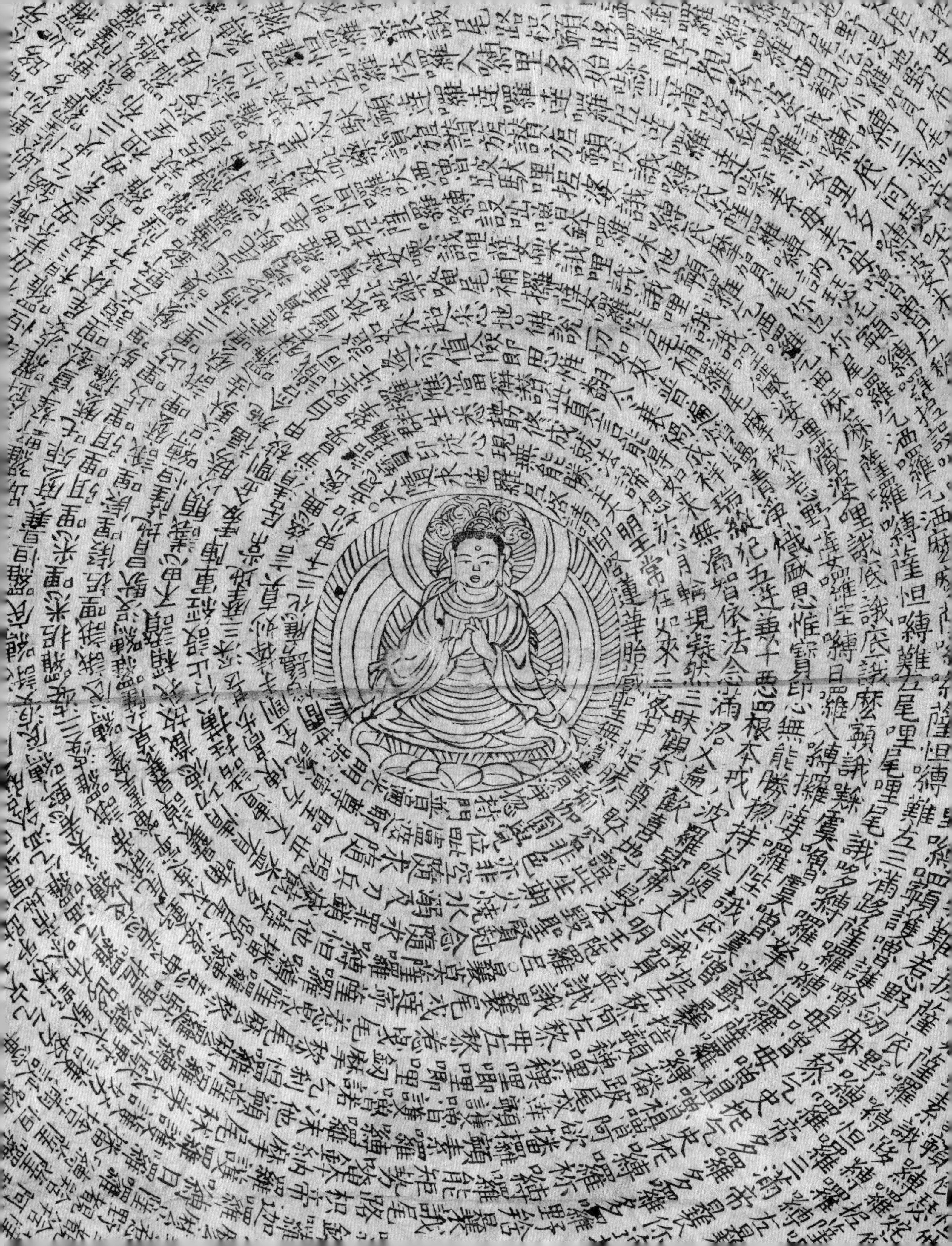

雕版印刷梵文《大隋求陀罗尼》经咒
Sanskrit "Mantras of the Dharani Sutra", Block Printing

北宋（960-1127）
Northern Song Dynasty (AD 960-1127)

纵 25.0 厘米　横 21.2 厘米
Vertical 25.0 cm　Horizontal 21.2 cm

1978 年于苏州瑞光寺塔第三层发现，藏于真珠舍利宝幢内。皮纸印刷。经文中央设一长方形框栏，绘佛教经变故事。栏内左、上、右三方各绘墨线双圈四个，内画黄道十二宫图像。框栏外周横书梵文经咒四十七行。经文左右两侧边缘各列十四神像，合为二十八宿。上方绘花卉图案边饰，下方为题记，署有"景德二年八月　日记"。两侧绘护法天神。

宋以前雕版印刷并缀有天文图像的经卷或经咒十分罕见。十二宫在经变故事上作∩形排列，若以白羊宫（春分）为起始，其后依次为天蝎、双子、巨蟹（夏至）、天秤（秋分）、狮子、宝瓶、双鱼、人马、金牛、室女、摩羯（冬至），序列虽是紊乱，却反映了对外来文化的吸收。把中国古代文化的二十八宿和外来的十二宫结合画于一图，更值得重视。

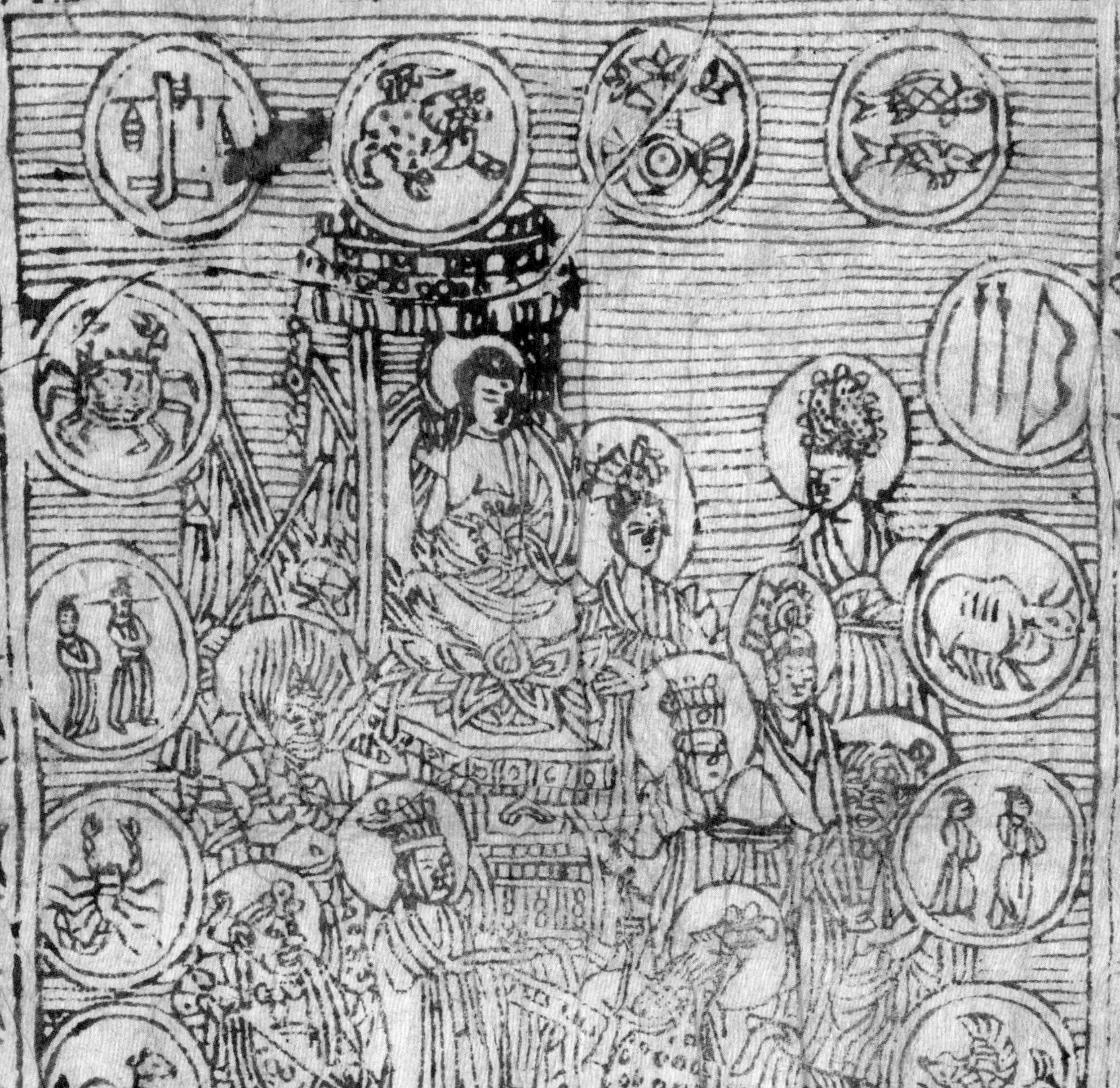

"与贞私印" 琥珀龟纽印

Amber "Yu Zhen Si Yin" Seal with Tortoise-shaped Knob

北宋（960-1127）
Northern Song Dynasty (AD 960-1127)

长 1.3 厘米　宽 1.3 厘米　高 1.8 厘米
Length 1.3 cm　Width 1.3 cm　Height 1.8 cm

1978 年于苏州瑞光寺塔第三层天宫中发现。方形、龟纽。印面为
白文篆体"与贞私印"四字。

"与贞私印" 琥珀龟纽印
Amber "Yu Zhen Si Yin" Seal with Tortoise-shaped Knob

"范仲淹印"玉龟纽印
Jade "Fan Zhongyan Yin" Seal with Tortoise-shaped Knob

北宋（960-1127）
Northern Song Dynasty (AD 960-1127)

长 3.6 厘米　宽 3.7 厘米　高 3.7 厘米
Length 3.6 cm　Width 3.7 cm　Height 3.7 cm

此印用玉雕成，棕褐色与青白色相间，玉隔较多，更显古朴。方形、龟纽。龟昂首收尾，背甲中间微隆呈弧形，四肢欲行，雕刻虚中带实、生动自然。白文印面，凿刻篆体"范仲淹印"四字，字体端正疏朗、拙朴古貌。

范仲淹（989-1052），字希文，军事家、政治家，亦是杰出的文学家。其"先天下之忧而忧，后天下之乐而乐"的名言反映出他高尚的情怀和远大的抱负，千百年来鞭策和鼓舞着世人。

何澄及其子女捐赠。

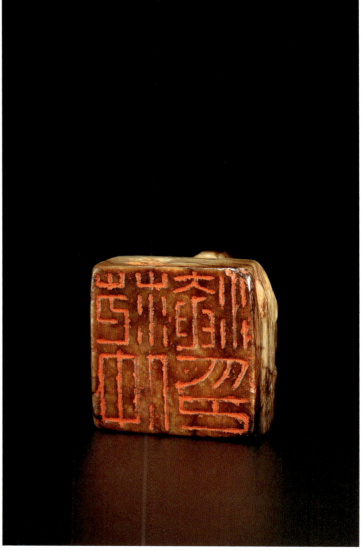

墨玉带饰
Dark Jade Belt Ornaments

北宋（960－1127）
Northern Song Dynasty (AD 960-1127)

铊尾　长 10.2 厘米　宽 5.1 厘米　厚 0.8 厘米
Cha Piece　Length 10.2 cm　Width 5.1 cm　Thickness 0.8 cm

长方弧形銙　长 5.1 厘米　宽 3.5 厘米　厚 0.8 厘米
Rectangular Kua Pieces　Length 5.1 cm　Width 3.5 cm　Thickness 0.8 cm

方形銙　长 5.2 厘米　宽 4.8 厘米　厚 0.8 厘米
Square Kua Pieces　Length 5.2 cm　Width 4.8 cm　Thickness 0.8 cm

苏州虎丘窑厂胡献卿墓出土。色泽黝亮、形制工整。包括方形銙 4 块、长方弧形銙 5 块及铊尾 1 块。带銙一侧均镂一长方形穿。每块正面和侧面磨光，正面器边和穿边凸起，余处微凹，反面露粗凿痕。每块背面有三至五对并排分布的勾连小孔，不透底。

玉獾

Jade Badger

宋（960-1279）
Song Dynasty (AD 960-1279)

长 7.7 厘米　高 2.9 厘米
Length 7.7 cm　Height 2.9 cm

色白微黄，有棕色玉隔，并带有棕黑色沁。琢大小两獾，大獾张口露齿，双耳下垂，两目瞠视，向右回首，爪前后交叉，腿双屈而伏地，尾向左前盘曲，尾根处钻出小獾头，小獾向右前弯曲伏于大獾右臀上。

玉龙纽花押印
Jade Seal with Dragon-shaped Knob

宋（960-1279）
Song Dynasty (AD 960-1279)

长 3.5 厘米　宽 3.9 厘米　高 2.6 厘米
Length 3.5 cm　Width 3.9 cm　Height 2.6 cm

白玉质，质地细密，玉色白中闪黑，较为通透。印面呈长方形，琢朱色剔地阳文花押。印纽为四足卧龙，双前足抱一宝珠，龙身穿三孔，采用了透雕、镂雕等技法琢成。"花押"又称"押字"或"签押"，流行于宋金元时期，是古人依照各自喜好、品味和需求设计的一类代表个人信用的标志，且常寄托不同的吉祥寓意，为各阶层人士所普遍采用。

吴纪群捐赠。

范纯仁元祐诰卷
Official Letter of Appointment for Fan Chunren

北宋（960-1127）
Northern Song Dynasty (AD 960-1127)

纵 26.2 厘米　横 569.0 厘米
Vertical 26.2 cm　Horizontal 569.0 cm

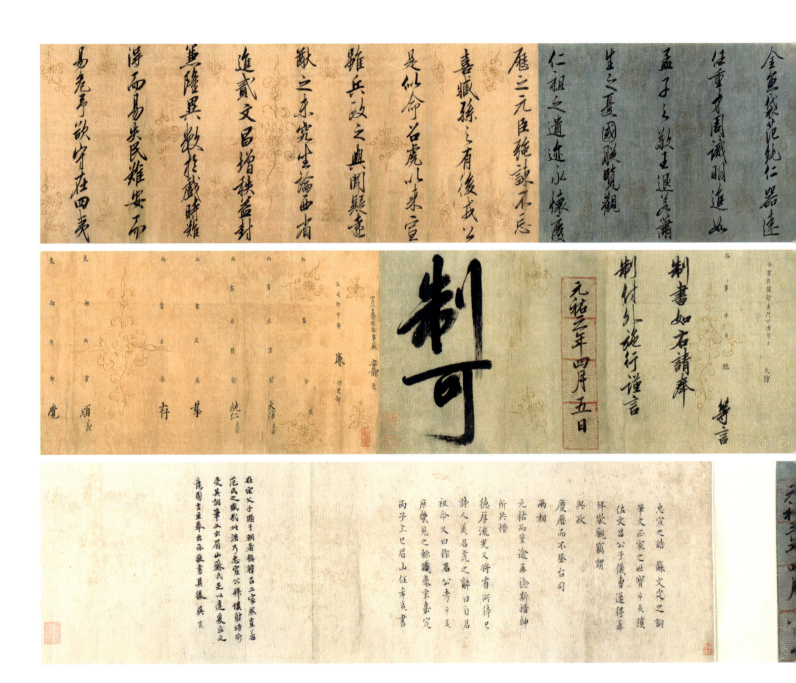

《范纯仁告身》记元祐三年（1088）范纯仁拜尚书右仆射兼中书侍郎之事。《范纯仁告身》现存世有三本：一为南京博物院藏；二为日本有邻馆本；三即为此苏博本，用五色花绫书写、可考北宋官诰之制式。遍钤"尚书吏部告身之印"朱文大官印，卷前无引首，卷后仅有宋任希夷、明吴宽二人题跋。清潘世璜《须静斋云烟过眼录》著录。鉴藏印有"魏国世家""仲穆""潘奕隽观""丹麓过眼金石书画印""湘三敬观""胡筠字湘三世兰陵人"等。

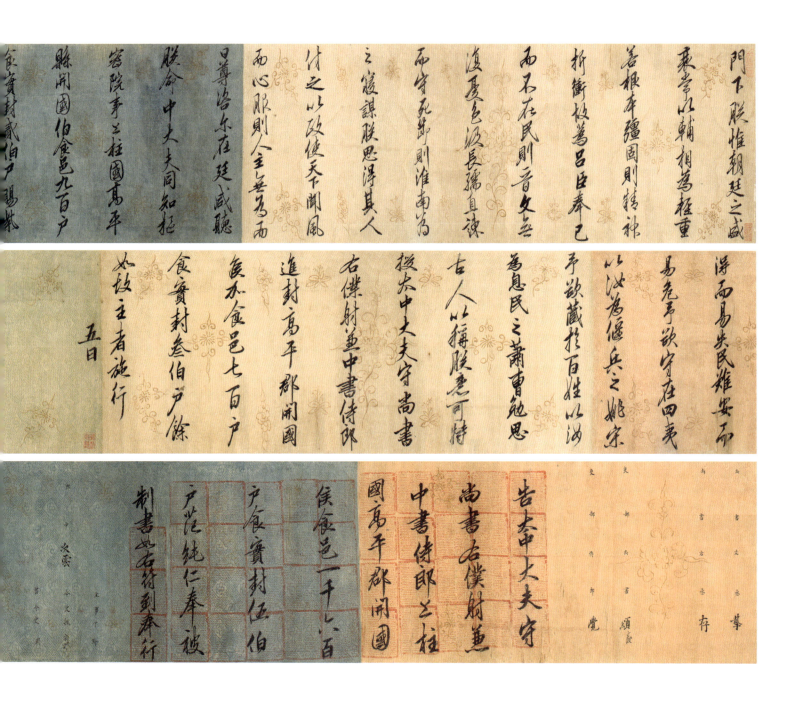

雕版印刷熟药仿单

Instruction Sheet for the Use of Processed Traditional Chinese Medicine, Block Printing

北宋（960—1127）
Northern Song Dynasty (AD 960-1127)

长 32.0 厘米　宽 18.5 厘米
Length 32.0 cm　Width 18.5 cm

1978 年于苏州瑞光寺塔第二层侧壁发现。仿单是中国古代的印刷品广告，一般附有相关产品说明。此系北宋苏州饮马桥地区朱姓药铺的仿单。此单分为三段，略有破损，除大字标铺名外，中间有皂角丸广告，提及"苏州饮马桥……药铺，收买州土生药，依方……皂角丸，能治男子肾脏……气血不调，嚼下一丸，神功不更"云云，一侧又称"奉白君子，近有人……改药名……误人性命、凡赎药饵、请细认"云云，兼有防伪提示作用。虽为片纸零书，却是目前所见存世最早的雕版印刷仿单。

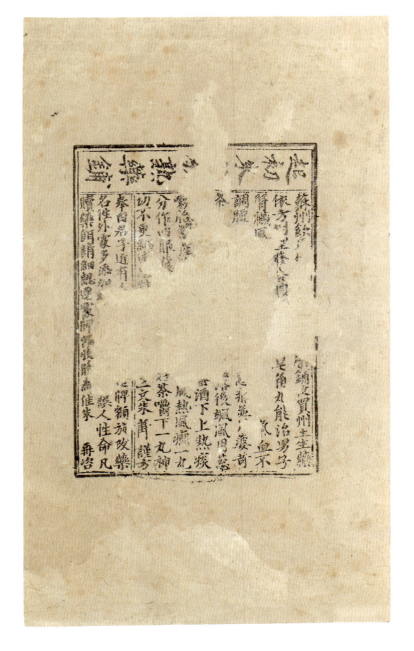

"献卿"铜印、石印盒
Bronze "Xian Qing" Seal and Stone Seal Box

北宋（960-1127）
Northern Song Dynasty (AD 960-1127)

印盒　长 5.8 厘米　宽 5.8 厘米　高 7.4 厘米
Box　Length 5.8 cm　Width 5.8 cm　Height 7.4 cm

印章　长 3.6 厘米　宽 3.3 厘米　高 4.1 厘米
Seal　Length 3.6 cm　Width 3.3 cm　Height 4.1 cm

苏州虎丘窑厂胡献卿墓出土。印为铜质，方形圆角印面、印台较厚、
方柱形纽，印文为小篆"献卿"。印出土时置于石印盒内。印盒由盒、盖、
内框三部分组成，盖呈覆斗形、子母口。此印印文由铜片焊接而成，
字口深达 1 厘米，铜片经过打磨，形成刃口，看似很粗，但钤本线
条却很细。铜片焊接法是隋唐时期印面由小放大后的一种新式制印
方法。

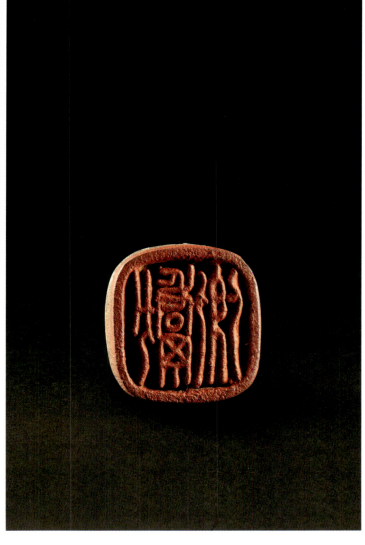

"献卿"铜印、石印盒
Bronze "Xian Qing" Seal and Stone Seal Box

石砚
Stone Inkstone

北宋（960-1127）
Northern Song Dynasty (AD 960-1127)

长 18.5 厘米　宽 11.4 厘米
Length 18.5 cm　Width 11.4 cm

苏州虎丘窑厂胡献卿墓出土。石色青中略
灰。平面、四周浅刻边沿、砚首斜琢为砚池、
背作箕形半凹状。

木尺
Wooden Ruler

北宋（960-1127）
Northern Song Dynasty (AD 960-1127)

长 31.8 厘米　宽 2.8 厘米　厚 1.1 厘米
Length 31.8 cm　Width 2.8 cm　Thickness 1.1 cm

江阴孙四娘子墓出土。正面等分十寸，每寸均浮雕海棠花，共十朵，周边刻分。背面为两条长方形边框，四角内凹，框内饰连续海水纹。此尺纹饰细腻、刻工精美、保存完好，为研究宋代日常长度计量工具提供了实物资料。

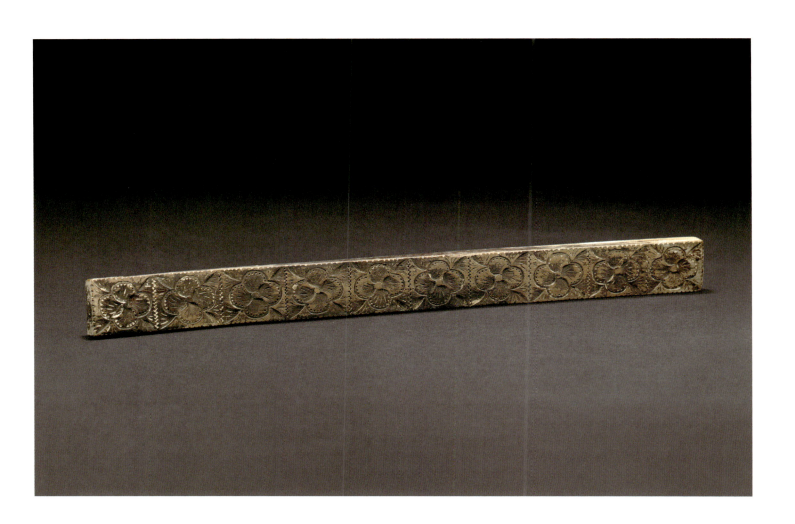

木梳
Wooden Comb

北宋（960-1127）
Northern Song Dynasty (AD 960-1127)

长 15.6 厘米　宽 7.7 厘米　厚 0.6 厘米
Length 15.6 cm　Width 7.7 cm　Thickness 0.6 cm

江阴孙四娘子墓出土。形制与现代木梳相同，弧背，齿较密集。

"四神" 木俑
Wooden Statuettes of Four Mythical Beasts

北宋（960-1127）
Northern Song Dynasty (AD 960-1127)

青龙俑　长 33.1 厘米　宽 2.1 厘米　高 19.0 厘米
Qinglong Statuette　Length 33.1 cm　Width 2.1 cm　Height 19.0 cm

白虎俑　长 34.2 厘米　宽 2.3 厘米　高 20.0 厘米
Baihu Statuette　Length 34.2 cm　Width 2.3 cm　Height 20.0 cm

朱雀俑　长 10.3 厘米　宽 3.9 厘米　高 5.5 厘米
Zhuque Statuette　Length 10.3 cm　Width 3.9 cm　Height 5.5 cm

玄武俑　长 13.7 厘米　宽 9.5 厘米　高 3.7 厘米
Xuanwu Statuette　Length 13.7 cm　Width 9.5 cm　Height 3.7 cm

江阴孙四娘子墓出土。均为木质。青龙，单面雕。巨目，龙身呈弓形，尾高耸，有波状背鳍。白虎，单面雕。虎身呈弓形，尾高耸，有波状背毛，前肢舒展，后肢匍地。朱雀，船形。朱雀又是凤凰或玄鸟。玄武，为龟蛇合体。龟呈匍匐状，蛇盘于其身，头部已残。

木质彩色狮子
Colored Wooden Lion Statuettes

北宋（960-1127）
Northern Song Dynasty (AD 960-1127)

长 5.5-6.5 厘米　高 2.9-3.0 厘米
Length 5.5-6.5 cm　Height 2.9-3.0 cm

共 7 只。真珠舍利宝幢台座装饰性部件，为台座八棱斜弧面平阶八角处放置的立体雕刻小木狮（缺失一只）。木狮表面施石青，局部略敷朱彩。

陶模具
Pottery Molds

宋（960-1279）
Song Dynasty (AD 960-1279)

长 3.3-9.1 厘米　宽 3.7-8.5 厘米
Length 3.3-9.1 cm　Width 3.7-8.5 cm

苏州大石头巷宋代坊市遗址出土。此组陶模具有人像、动物、花卉、山水、建筑、佛教图案等，特别是幼童戏球中的幼童，形象酷似苏州双塔罗汉院宋代石柱上雕刻的儿童像。

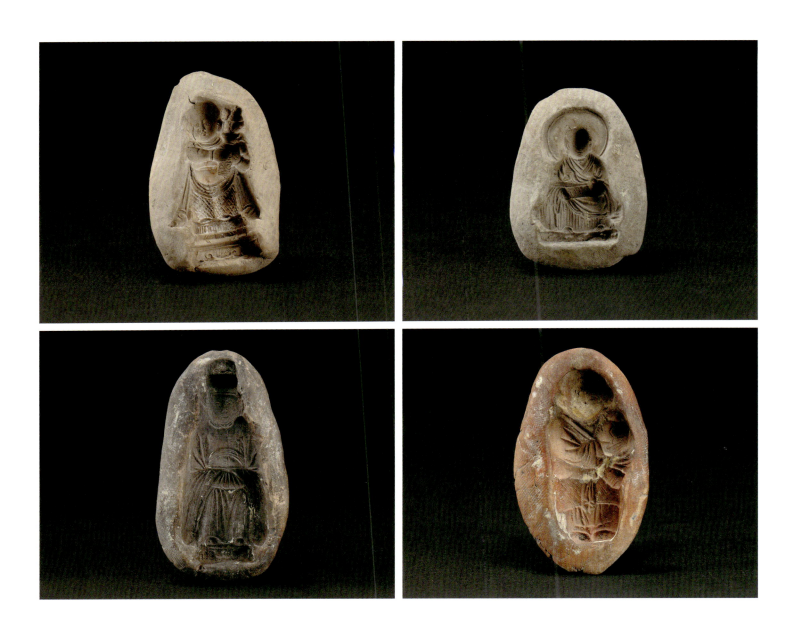

钧窑鼓钉三足洗

Three-legged Porcelain Brush Washer with Studs Design, Jun Kiln

宋（960-1279）
Song Dynasty (AD 960-1279)

口径 23.9 厘米　高 9.2 厘米
Diameter of Mouth 23.9 cm　　Height 9.2 cm

此洗大口、平沿、弧腹，下附三如意形扁足。外口沿及下腹部饰鼓
钉纹及弦纹，口沿处鼓钉 22 枚，下腹部鼓钉 18 枚。此器形制规整
端庄，纹样简练古朴。器内外施蓝色乳浊釉，发色较淡呈天青色，
聚釉处更淡呈月白色，器内釉面有北宋钧窑釉特有的"蚯蚓走泥纹"，
外底刷酱釉，附一周 22 个支钉痕，并刻有"一"字，是同类产品
中最大型号标记。

庞增和捐赠。

钧窑月白釉钵

Moon-white-glazed Porcelain *Bo*-bowl, Jun Kiln

宋（960–1279）
Song Dynasty (AD 960-1279)

口径 10.3 厘米　底径 4.8 厘米　高 5.8 厘米
Diameter of Mouth 10.3 cm　Diameter of Bottom 4.8 cm　Height 5.8 cm

敛口、弧腹、矮圈足。通体施月白釉，釉质凝厚滋润，清淡雅致。外施釉不及底，凝聚处如泪痕。足部露胎，胎色黄褐。口沿下流釉，釉薄呈黄褐色。钧窑为宋代五大名窑之一。钧釉种类繁多，其主要釉色有月白、玫瑰紫、海棠红、天蓝、天青等色之分。钧窑大部分产品的基本釉色是各种浓淡不一的蓝色乳浊釉，较淡的称天青，较深的称天蓝，此器比天青更淡，故称月白，具有萤光般的幽幽光泽。

青瓷三足炉
Three-legged Celadon Incense Burner

宋（960-1279）
Song Dynasty (AD 960-1279)

口径 11.7 厘米　高 7.2 厘米
Diameter of Mouth 11.7 cm　Height 7.2 cm

苏州娄葑新苏大队开河工地采集。直口、方唇、深直腹，设三足。
外壁施豆青釉，釉不及底，内壁近口处施釉。

青瓷三足炉
Three-legged Celadon Incense Burner

宋（960-1279）
Song Dynasty (AD 960-1279)

青瓷刻花高足杯
Celadon Stem Cup with Incised Flower Pattern

宋（960-1279）
Song Dynasty (AD 960-1279)

口径 13.2 厘米　底径 9.2 厘米　高 13.0 厘米
Diameter of Mouth 13.2 cm　Diameter of Bottom 9.2 cm　Height 13.0 cm

苏州锻压厂出土。圆唇、直腹、下腹弧收、喇叭形高足。腹部印花草纹，足腹交接处饰仰莲纹。釉色青黄。此器造型规矩、线条简洁流畅、釉层薄厚均匀，实为罕见的越窑精品。

青瓷刻花盒

Celadon Box with Incised Flower Pattern

宋（960-1279）
Song Dynasty (AD 960-1279)

口径 12.4 厘米　底径 10.4 厘米　高 4.6 厘米
Diameter of Mouth 12.4 cm　Diameter of Bottom 10.4 cm　Height 4.6 cm

苏州青旸地吴家浜出土。扁圆形、子母口，浅直腹，圈足。器盖上饰弦纹、其内刻一组缠枝花卉纹。釉色青中泛绿、釉面莹润。此盒纹饰精致典雅、做工规整，为越窑器中难得的珍品。

龙泉窑梅子青菊瓣纹洗

Plum Celadon Brush Washer with Chrysanthemum Petal Design,
Longquan Kiln

宋（960-1279）
Song Dynasty (AD 960-1279)

口径 15.5 厘米　底径 6.6 厘米　高 4.2 厘米
Diameter of Mouth 15.5 cm　Diameter of Bottom 6.6 cm　Height 4.2 cm

敞口、折沿、弧腹、平底、矮圈足。内壁饰一周菊瓣纹。胎质细腻。
通体施厚釉，足端露胎。釉面光泽明亮，质莹如玉。釉色呈梅子青，
犹如翡翠一般，鲜艳动人。梅子青釉是龙泉青釉中最精美的釉色之
一，由于其颜色清新润泽如初熟的梅子，故而得名。

定窑白釉划花枕

White-glazed Porcelain Pillow with Incised Pattern, Ding Kiln

宋（960-1279）
Song Dynasty (AD 960-1279)

长 24.0 厘米　宽 15.5 厘米　高 12.3 厘米
Length 24.0 cm　Width 15.5 cm　Height 12.3 cm

腰圆形，枕面呈圆弧形，前低后高。通体施白釉，釉层均匀。枕面外周以弧线勾勒数周，枕面中心划海水纹，海水波涛汹涌，刀法细腻，线条流畅，形象生动。定窑是宋代五大名窑之一，是继邢窑之后著名的白瓷窑场，窑址在今河北曲阳的涧磁村及东燕川村、西燕川村一带，这里唐宋属定州，故名。在五大名窑之中，定窑产品以丰富多彩的装饰花纹取胜，主要装饰手法有印花、刻花、划花和剔花。

梅花形漆盒
Plum Blossom-shaped Lacquered Case

北宋（960–1127）
Northern Song Dynasty (AD 960-1127)

直径 13.7 厘米　高 5.5 厘米
Diameter 13.7 cm　Height 5.5 cm

江阴孙四娘子墓出土。盒呈六瓣梅花形，子母口，平底。木胎，外髹黑漆，内髹朱漆。

花口漆盘

Lacquered Plate with Flower-shaped Rim

北宋（960-1127）
Northern Song Dynasty (AD 960-1127)

口径 14.5 厘米　高 2.9 厘米
Diameter of Mouth 14.5 cm　Height 2.9 cm

苏州官渎里出土。十曲花口，口沿处稍敛，盘壁斜直，盘体较深，平底。木胎，外髹黑漆，内髹朱漆。

花口漆碗
Lacquered Bowl with Flower-shaped Rim

北宋（960-1127）
Northern Song Dynasty (AD 960-1127)

口径 15.0 厘米　高 8.0 厘米
Diameter of Mouth 15.0 cm　Height 8.0 cm

苏州官渎里出土。口略残。六曲葵花形口，
口外折成沿，深弧腹，腹部随分瓣有较明
显的起伏，分瓣处内凹，圈足。木胎，外
髹黑漆，内髹朱漆。

漆罐
Lacquered Jar

北宋（960-1127）
Northern Song Dynasty (AD 960-1127)

口径 14.2 厘米　高 10.0 厘米
Diameter of Mouth 14.2 cm　Height 10.0 cm

苏州官渎里出土。沿损、缺盖。敛口、圆肩、
鼓腹，腹下收成平底。素面无纹饰。通身
髹黑漆，漆面光亮。

麓山寺碑拓本
Rubbing of Lushan Temple Tablet Inscription

宋（960–1279）
Song Dynasty (AD 960-1279)

纵 31.5 厘米　横 16.7 厘米
Vertical 31.5 cm　Horizontal 16.7 cm

李邕（678–747），字泰和，扬州人。唐玄宗时封为
北海太守，世称李北海，是唐代著名的书法家，擅长
各体，尤以行、草造诣最深。《麓山寺碑》由其撰文
并书，是其行楷书代表作。碑文 28 行，每行 56 字，
刻于唐开元十八年（730）。原石现藏湖南长沙岳麓
公园，已断残。此册"黄仙鹤刻"等字完好无损，系
宋拓善本。拓本为白麻纸乌金拓，纸地坚韧，墨色醇古，
没有丝毫涂墨与填补，如实地再现了原碑风貌。

何澄及其子女捐赠。

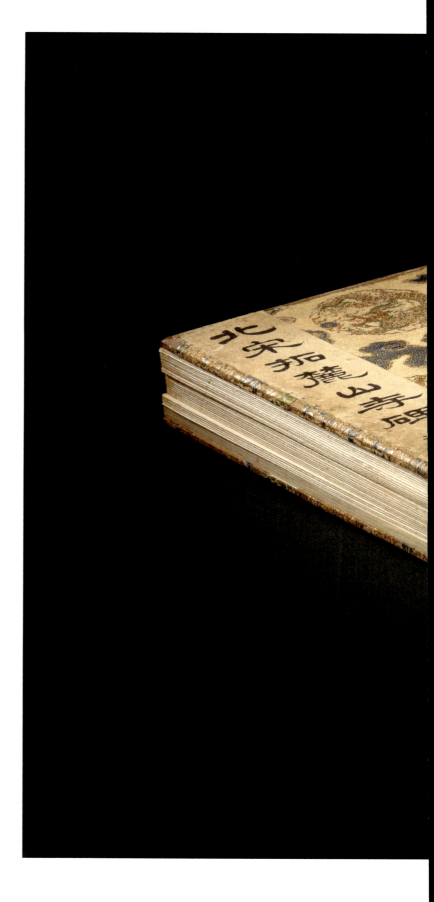

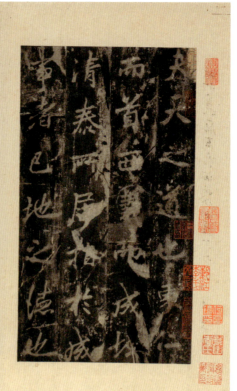

此的真原石窟拓在今日亦不易覯可寶∴退椿注

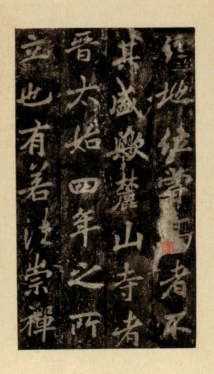

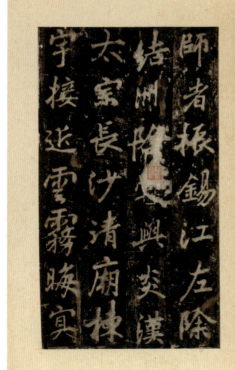

李邕文并書

大唐開元十八年
歲次庚午九月□
子潮十一日王戊

別乘樂□名□□
上計于京不偶荒
英英被「會贊且」
江夏黃仙鶴刻

樣孫都護藏嶽麓此
宋本天下第一

丁未春日

端方持贈並題

余嗜金石卅年兒子石余藏麓嶽今去
延家所藏此三本
貽之麓嶽此碑澳阿書者
謂為天下第一延初文
玉華賞暢火善藏之如為佐子見
武國四年和亥張詒謹護于寺天若書之

守園時年二十有三

张浚、张栻敕卷

The Emperor's Order to Zhang Jun and Zhang Shi

南宋（1127–1279）
Southern Song Dynasty (AD 1127-1279)

纵 32.5 厘米　横 81.7 厘米
Vertical 32.5 cm　Horizontal 81.7 cm

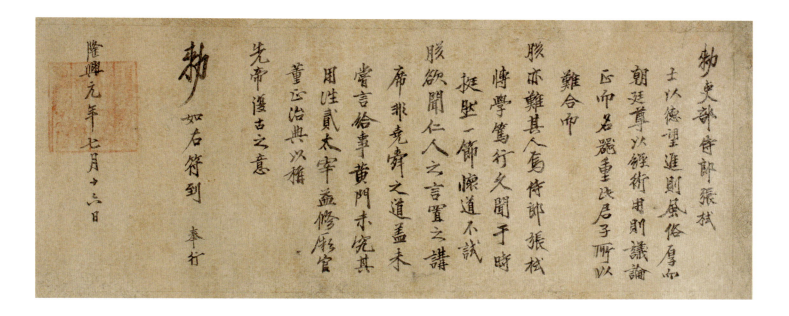

此卷有张浚、张栻父子敕命两则及两人设色绢本像，后有叶颙、汪应辰、程卓、史弥远撰《魏国忠献张公传》《南轩张先生传》等文。

张浚（1097—1164），字德远，汉州绵竹（今四川绵竹县）人。宋政和八年（1118）进士，历枢密院编修官、侍御史、知枢密院事、川陕宣抚处置使，重用岳飞、韩世忠等将领，全力抗金。后历尚书右仆射、同中书门下平章事兼知枢密院事、都督诸路军马等职。隆兴元年（1163），封魏国公。隆兴二年（1164）八月，病卒，葬宁乡，赠太保，后加赠太师。乾道五年（1169）谥忠献。有《紫岩易传》等。

张栻（1133—1180），字敬夫，一字钦夫，又字乐斋，号南轩，世称南轩先生。张浚之子。幼承家学，既长，从师南岳衡山五峰先生胡宏，潜心理学。乾道初，掌岳麓书院。曾历知抚州、严州、袁州、江陵，后迁右文殿修撰，提举武夷山冲祐观。其学自成一派，与朱熹、吕祖谦齐名，时称“东南三贤”。卒谥宣，朱熹志其墓。有《张南轩公全集》等。

消夏图页
Whiling Away the Summer

南宋（1127−1279）
Southern Song Dynasty (AD 1127-1279)

纵 24.5 厘米　横 15.7 厘米
Vertical 24.5 cm　Horizontal 15.7 cm

绢本，设色，无款。绘园亭读画之景。主客或凝神谛观，或相与评赏，各有丰神；书童则侍应张罗。刻画精准，界画严整；设色古艳，晕染工细。此图为培风阁主人张则之收藏，近代归何澄所藏，裱边有 1934 年吴湖帆鉴题。鉴藏印有"张则之"朱文印。

何澄及其子女捐赠。

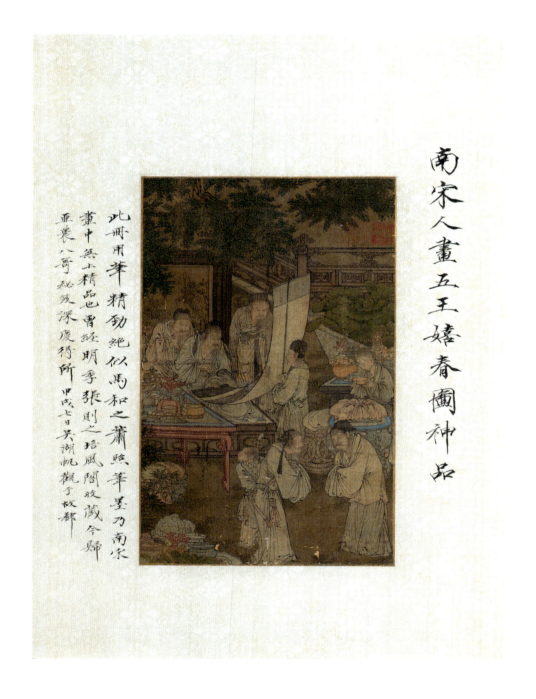

"临安府行用"钱牌

Bronze "Lin An Fu Xing Yong" Money Plaque

南宋（1127－1279）
Southern Song Dynasty (AD 1127-1279)

长 6.6 厘米　宽 1.7 厘米
Length 6.6 cm　Width 1.7 cm

苏州茶花大队宋墓出土。钱牌又称"牌帖"，俗称"铸牌""大牌"。
铜质。上圆下方，上端中间穿孔。钱文真书，面文为"临安府行用"，
背文为"准叁伯文省"。"准"即"平""当"，"省"指"省伯"，
当时七十七钱作百钱，甚至五十钱作百钱，称"陌钱"或"短陌"。
此钱牌为南宋理宗景定年间（1260－1264）铸行。

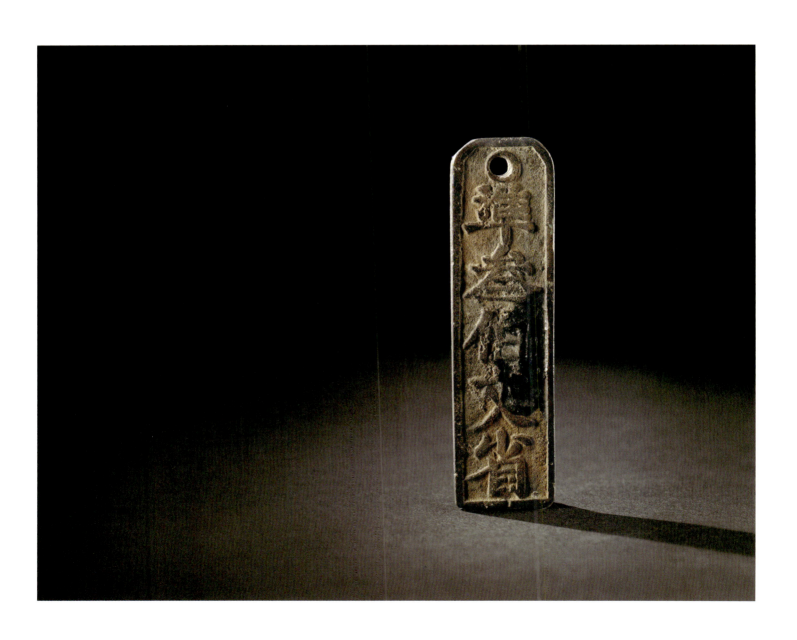

象牙哀册
Ivory Elegy

元（1271-1368）
Yuan Dynasty (AD 1271-1368)

长 33.0 厘米　宽 3.0 厘米　厚 1.0 厘米
Length 33.0 cm　Width 3.0 cm　Thickness 1.0 cm

苏州张士诚母曹氏墓出土。出土时置于墓主头前棺椁之间。由 40 条象牙条组成，分上下 10 层叠放，4 条为一版。每版字数不等，自左至右直行读。内镌册文皆阴文正楷，尚有填金痕迹，字迹多为石灰质漫漶。上下边有穿孔，四周有边框，细刻龙凤图案，左右刻双龙相对，中有一珠，作夺珠状，上刻凤凰云龙。首末两版正面凸雕龙凤图案，凤在上，龙在下。

刺绣双龙残片

Embroidered Double Dragons Silk Fragment

元（1271—1368）
Yuan Dynasty (AD 1271-1368)

纵 27.3 厘米　横 72.0 厘米
Vertical 27.3 cm　Horizontal 72.0 cm

苏州张士诚母曹氏墓出土。龙的造型简洁，均为五爪、龙与龙之间
相隔两朵卷草纹。刺绣以四经绞罗为地，采用平绣，用丝绒以平直
针、接针等绣成。

陶枇杷供器
Pottery Loquat Funerary Object

元（1271—1368）
Yuan Dynasty (AD 1271-1368)

底径 14.0 厘米　高 21.8 厘米
Diameter of Bottom 14.0 cm　Height 21.8 cm

苏州三元元墓出土。泥质灰陶。此器共有枇杷果实 68 颗，粒粒饱满，大如真果，并有十余瓣枝叶缠绕其间，错落有致。枝叶果实堆塑成山状供器，寓意"枝繁叶茂""子孙满堂"。

钱良右《吴仲仁游吴中唱和诗》卷

Wu Zhongren's Literary Responsory During Visit to Wuzhong
Qian Liangyou

元（1271-1368）
Yuan Dynasty (AD 1271-1368)

纵 17.5 厘米　横 519.8 厘米
Vertical 17.5 cm　Horizontal 519.8 cm

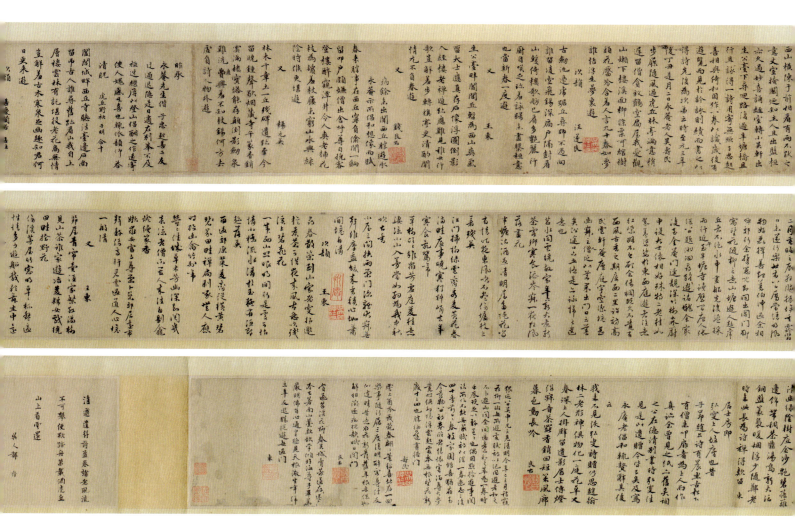

此卷乃钱良右为吴仲仁所书，楷、行、草诸体兼备，流美雅健，奄有赵氏风规。共录律绝40余首，为吴仲仁至元三年（1266）四次游览吴中与诸友唱和结集而成。其首游有吴氏序，称与文友汪子忠、王东游虎丘，访无照僧而不遇，遂探访诸景，且行且咏，得一诗以寄无照，而汪、王倚和。此游钱良右因病未往，因吴氏所示游览唱和之篇，亦想象而赋。又"后有游览，见于吟咏，则续而书之"，遂衍为长卷。引首为清翁方纲题"吴兴书髓"，以为"世有辨子昂真迹者，以此求之足矣"，可见其评价之高，钤"覃溪"朱文印、"翁方纲印"白文印。拖尾接三纸：一为明代鉴赏家都穆和杜琼之子杜启诗跋，二为明文徵明小楷跋与翁方纲诗跋，三为近代鉴藏家颜世清三跋。

钱良右（1278—1344），字翼之，晚号江邨，湖南平江人，吴县儒学教谕。至正间以书学名家，赵孟頫、邓文原数弓拔之，古篆、隶、真、行、小草无不精绝，行书尤其高朗卓绝，评者谓其不让鲜于枢。

何澄及其子女捐赠。

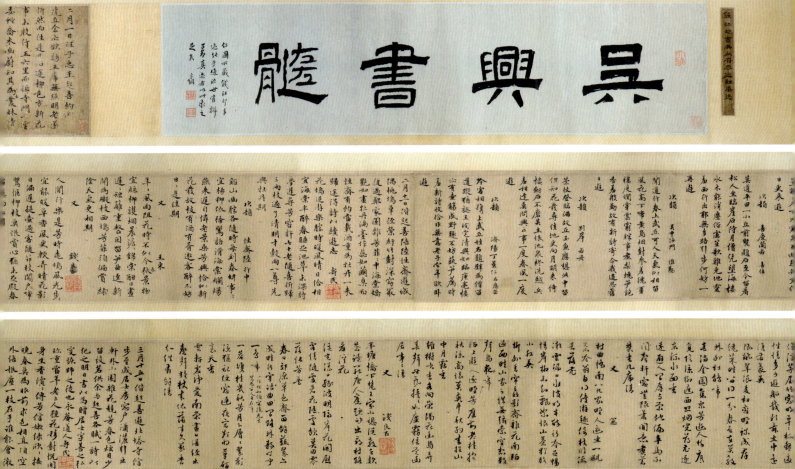

王蒙竹石图轴

Bamboo and Rocks
Wang Meng

元（1271-1368）
Yuan Dynasty (AD 1271-1368)

纵 97.2 厘米　横 27.0 厘米
Vertical 97.2 cm　Horizontal 27.0 cm

此图左上幅以淡墨绘竹枝倾斜而出，枝干微微弯曲，竹叶下垂，底部以拳石铺垫，淡墨皴擦，浑厚湿润。幅中长题七绝四首，诗末自题："至正甲辰九月五日，余适游灵岩归，德机忽持此纸命画竹，遂写近作四绝于上。黄鹤山人王蒙书。"知此幅墨竹是王蒙五十七岁时，为好友张德机所作。鉴藏印有"张德机"朱文印、"浙江僧"白文印、"陆恭私印"白文印、"顾子山秘箧印"朱文印等。

王蒙（1308-1385），字叔明，号黄鹤山樵，自称香光居士，浙江湖州人，赵孟頫外孙。元末弃官归隐黄鹤山（今浙江余杭临平镇）。能诗文，工书法，尤擅山水。绘画风格主要受其外祖父赵孟頫的影响，后师法董、巨，自成风格。与倪瓒、黄公望、吴镇并称"元四家"。

顾公硕捐赠。

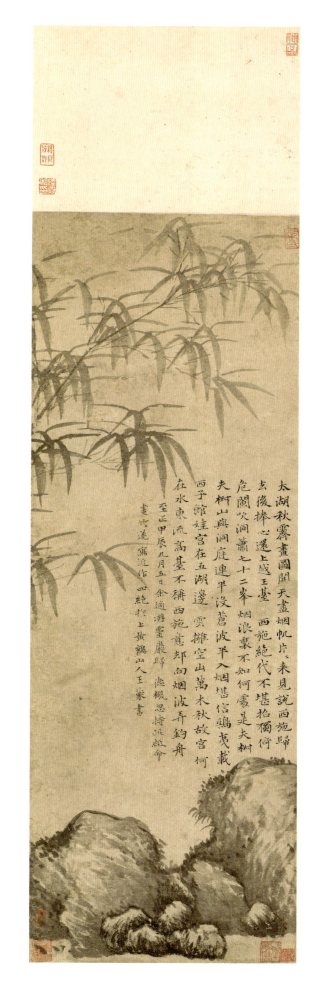

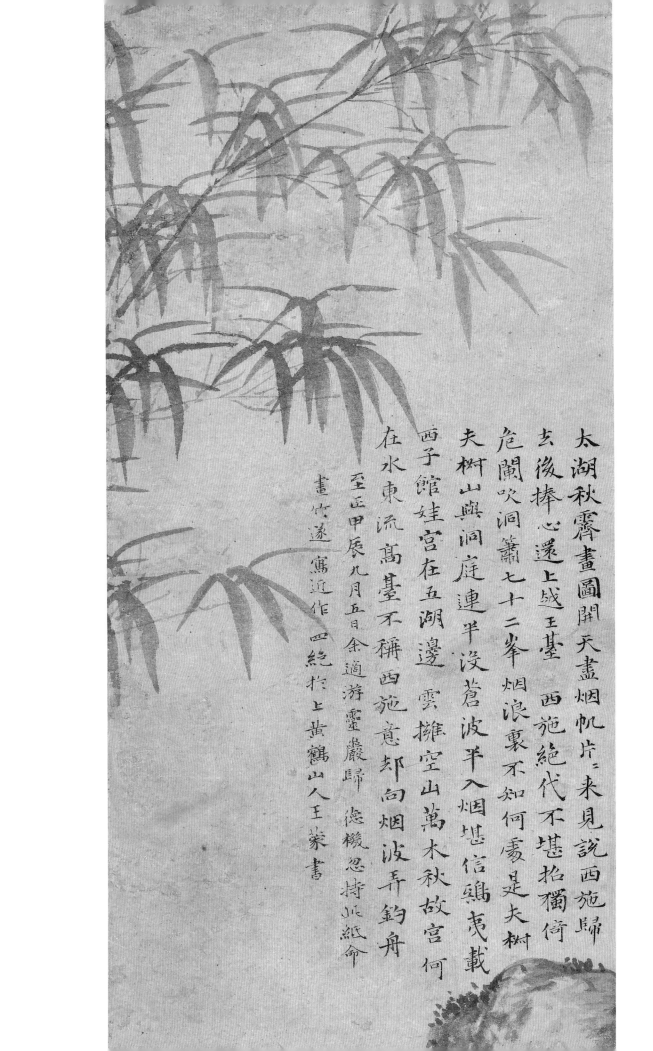

太湖秋霽畫圖開　天盡煙帆片片來　見說西施歸
去後捧心還上越王臺　西施絕代不堪招獨倚
危闌吹洞簫　七十二峯煙浪裏不知何處是夫樹
夫樹山與洞庭連半沒蒼波半入煙堪信鴟夷載
西子館娃宮在五湖邊　雲擁空山萬木秋故宮何
在水東流高臺不稱西施意却向煙波弄釣舟
至正甲辰九月五日余適游靈巖歸　德機忽持此紙命
畫此遂寫近作　四絕扵上黃鶴山人王蒙書

七君子图
Seven Clusters of Bamboo

元（1271-1368）
Yuan Dynasty (AD 1271-1368)

纵 36.0 厘米　横 1010.0 厘米
Vertical 36.0 cm　Horizontal 1010.0 cm

墨竹以北宋文同为宗师，至元而集其大成。此卷集元赵天裕、柯九思、赵原、顾安、张绅、吴镇等六人所画墨竹而裱于一长卷中。其中柯九思两帧。或丛竹烟笼，或老干斜出；或为龙角，或为纤竹；或作推篷，或如凤尾。形态万千而逸笔横出，堪称一部具体而微的元代墨竹简史。此卷曾经徐守和、张见阳、乔崇修、蒋光煦、李鸿裔、顾文彬递藏。现卷前有蒋光煦和吴大澂题签，又有乔崇修、张廷济、吴昌硕三段引首。原卷后装有盛麟、倪瓒等八家题咏，后被割移（现藏上海博物馆）。又原卷尚有顾安一幅，佚去，顾文彬配入家藏吴镇一幅。缪曰藻《寓意录》卷二、顾文彬《过云楼书画记》卷六著录。鉴藏印有"项墨林鉴赏章"白文印、"见阳子珍藏记"朱文印、"蒋光煦审定"白文印等。

顾笃琨捐赠。

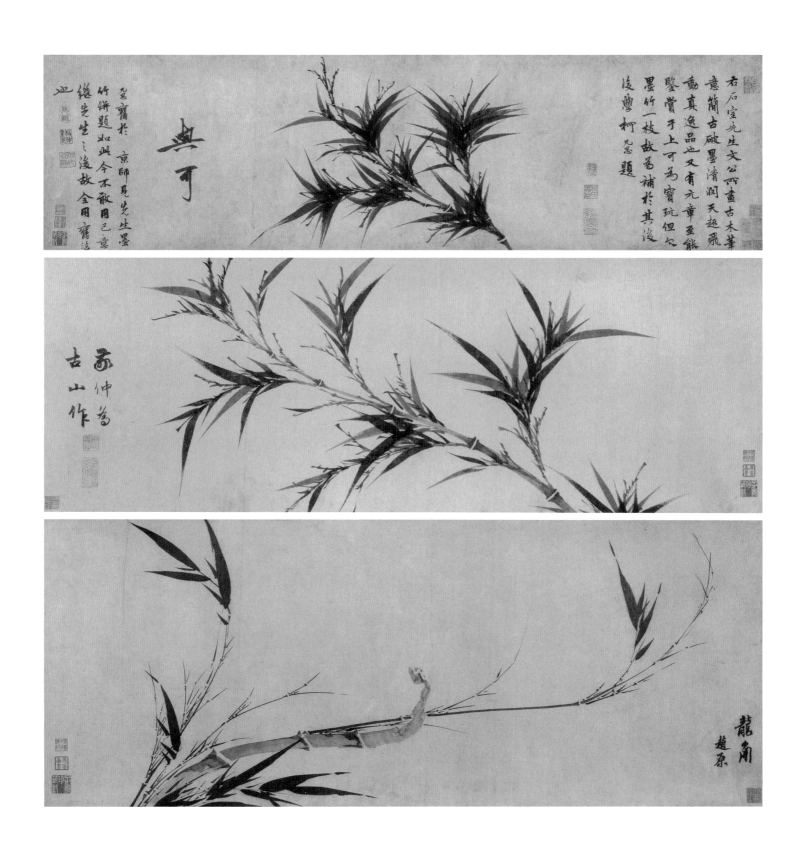

繁华都会
世间乐土

City of Prosperity,
Garden of Delight

1368－1911
AD 1368－1911

明清两代，苏州以一府而成四方辐辏之区，所谓"最是红尘中一二等富贵风流之地"也。明初废平江，改设苏州府，下领七县，施政严酷。中期以后，工商复兴，市镇繁荣，资本主义渐现萌芽。士民生活，优裕精雅，号为明式，推为典范。文学艺术，硕果累累，吴门一派，异军突起。清《明名人画像》册所摹高启、沈周、祝允明、唐寅、文徵明、文彭共六人，面目逼真，仪态静朗，为诸家写照，名士风流，冠绝一时。明末复社，继东林党后，大会于虎丘，讲求经国济世之道，惜无补于事。清政沿袭明制，康乾盛世，姑苏繁华，苏作工巧，独领风骚，梨园优孟，粉墨登场。鸦片战争爆发，列强环伺中华，苏州因之开埠。三吴志士仁人，登狮山，招国魂，结南社，倡言革命。辛亥以后，走向共和。

During the Ming and Qing Dynasties, Suzhou had a great influence on adjacent areas. It was considered as "one of the most prosperous places in the earthly world" at that time. During the early Ming Dynasty, Pingjiang was replaced by Suzhou prefecture, with seven counties under its strict jurisdiction. During the mid-Ming Dynasty, industry and commerce revived, towns and villages prospered, and capitalism began to sprout. People lived a rich and elegant life, which later was called Ming style and won a universal recognition. Literature and art made great achievements, with the emergence and development of the Wu School. During the Qing Dynasty, Gao Qi, Shen Zhou, Zhu Yunming, Tang Yin, Wen Zhengming and Wen Peng were depicted in *Portraits of Ming Celebrities* with vivid facial expressions and graceful manners, which well preserved the free spirits of literati. Following the footsteps of Donglin Party was established Fu-She, which assembled at the Tiger Hill and searched for a way to revive the country in the late Ming Dynasty, but unfortunately failed. The Qing government followed the Ming regimes and brought forth a flourishing age under the reign of Emperor Kangxi and Qianlong. Suzhou crafts were so refined and exquisite that it dominated the artisanry then. Different kinds of Chinese operas were further developed. When the Opium War broke out, China was invaded by foreign powers and Suzhou was forced to open ports to the outside World. Numerous people with lofty ideals gathered on the Lion Hill and called for revival of national spirit. They founded Nan-She, a bourgeois cultural group, and advocated revolution. After the Revolution of AD 1911, which was led by Sun Yat-sen and overthrow the Qing Dynasty, China went towards the Republic.

大明宝钞

Antique Paper Currency

明（1368-1644）
Ming Dynasty (AD 1368-1644)

长 33.5 厘米　宽 22.0 厘米
Length 33.5 cm　Width 22.0 cm

大明宝钞是中国票幅最大的纸币。票面上端为
"大明通行宝钞"六个汉字，中部顶端为"壹贯"
钞额，其下为十串铜钱图案，两侧分别为篆书
"大明宝钞""天下通行"字样。再下端注文曰：
"户部丨奏准印造丨大明宝钞，与铜钱通行丨
使用，伪造者斩，告捕丨者赏银贰佰伍拾两，丨
仍给犯人财产。丨洪武　年　月　日。"宝钞
四周饰以龙纹及海水图案。

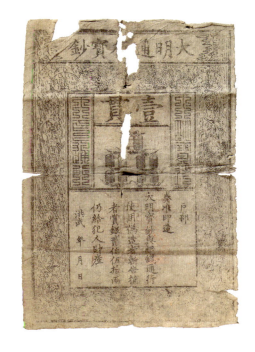

大明宝钞
Antique Paper Currency

舆地海夷海运图册

Map of China, Map of Ethnic Minorities Residence, Map of Ocean Freight Routes, etc.

明（1368-1644）
Ming Dynasty (AD 1368-1644)

纵 35.2 厘米　横 34.8 厘米
Vertical 35.2 cm　Horizontal 34.8 cm

纸本，设色。东南海夷图详细标注了东南沿海各府州，以及海外各国各岛。海运图绘制了东南沿海各府州县，以及内陆各大江的入海港口，其中太仓刘家港、天妃宫在右下方，清晰可见。舆地总图详细标注了明代"两京十三省"及下属府州的行政区划（红框为省，红圈为府州）。山海舆地全图分上、下两页，分别绘制东半球和西半球。

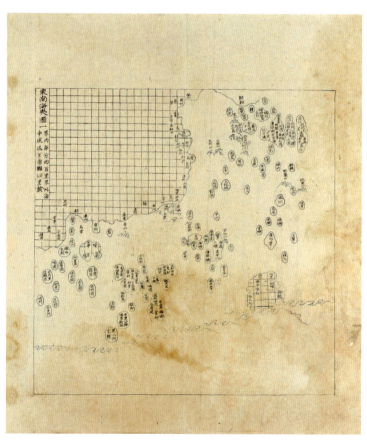

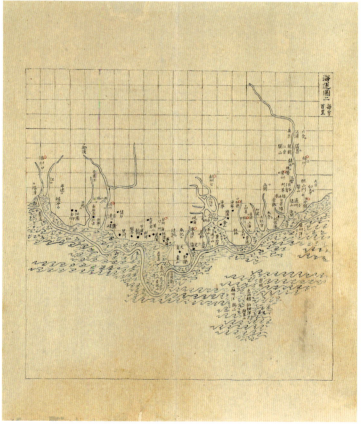

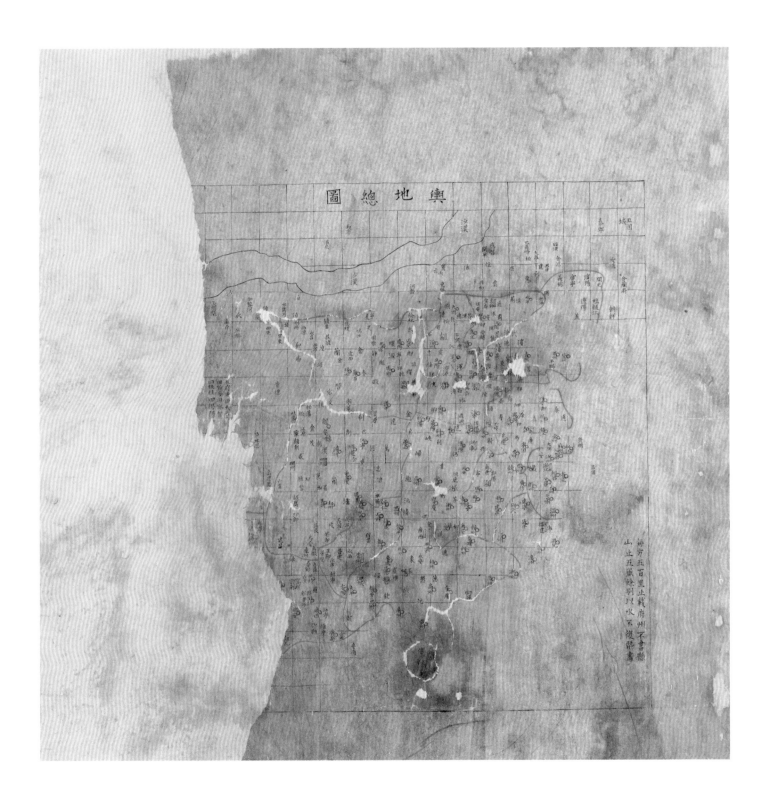

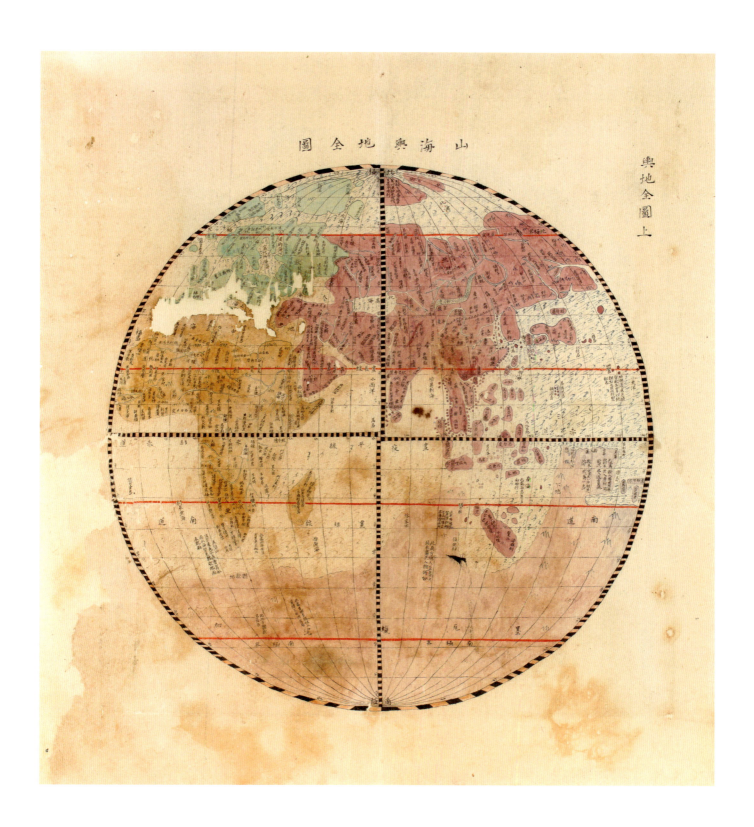

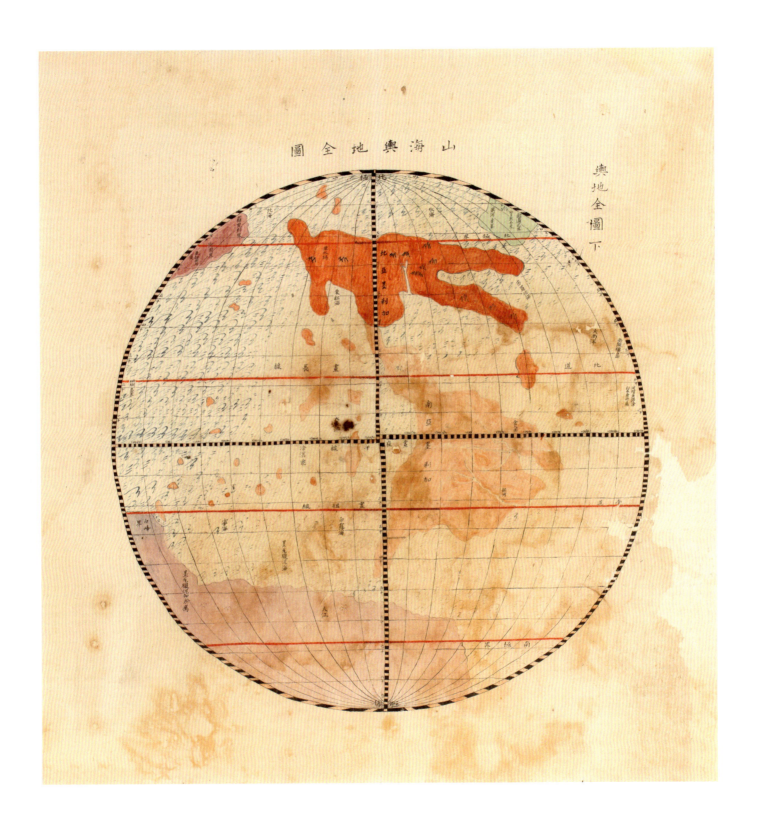

洪武苏州府志

Annal of Suzhou Prefecture, Hongwu Period

明（1368-1644）
Ming Dynasty (AD 1368-1644)

长 27.8 厘米　宽 17.9 厘米
Length 27.8 cm　　Width 17.9 cm

府志五十卷，图一卷。清抄本。线装，以素纸抄写。半叶十三行，行二十四字，无阑格。卢熊所辑《苏州府志》，自洪武十二年（1379）刊刻后，未再版行，传本稀少。仅知中国国家图书馆有傅增湘旧藏刻本，南京图书馆有顾氏过云楼旧藏刻本，台湾藏有旧抄本。比本为近代版本目录学家莫棠家藏之物，后归刘氏嘉业堂，最后为现代著名文献学家王大隆（1901-1966）所得。卷首有 1957 年 9 月 29 日王氏题记。书中有"莫棠""独山莫氏藏书""铜井山庐藏书""独山莫氏铜井寄庐书记""吴兴刘氏嘉业堂藏书记""欣夫""王欣夫藏书印"等印。

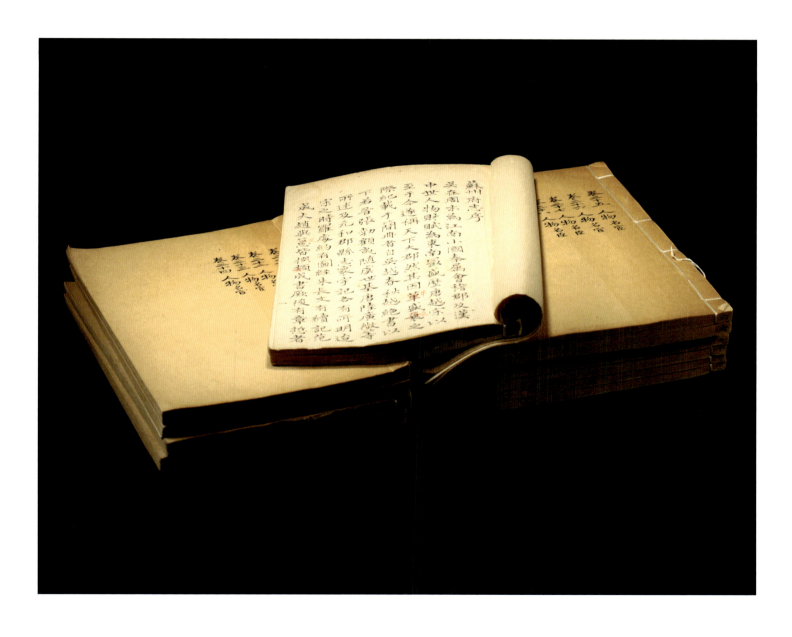

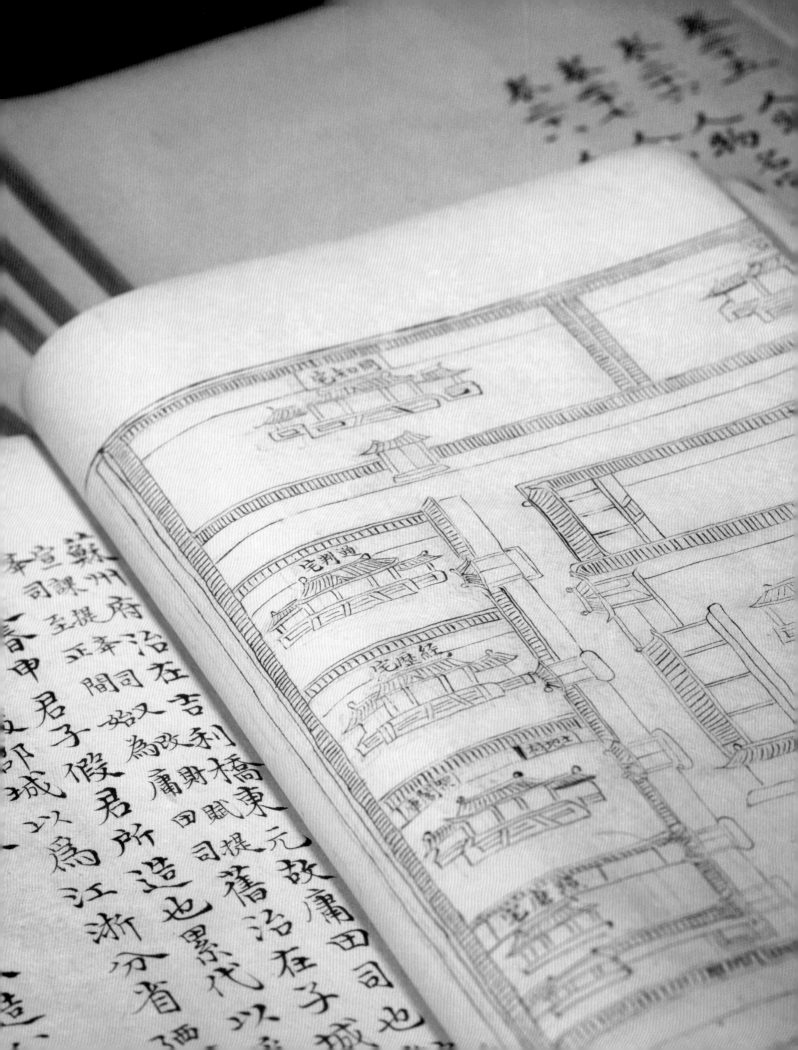

正德姑苏志
Annal of Gusu, Zhengde Period

明（1368－1644）
Ming Dynasty (AD 1368-1644)

长 30.0 厘米　宽 19.3 厘米
Length 30.0 cm　Width 19.3 cm

志凡六十卷（卷五十至五十一为抄配）。明代林世远、王鏊等纂修，明正德刻、嘉靖增修本。线装。半叶十行，行二十字，小字双行同，白口，左右双边，单黑鱼尾。版心下有字数及刻工姓名，如沈乔、李耀、李清、李约、章训、李安、闻祥、叶堂、张敖、唐其、吴江、夏佳、洪相、夏文等。书中钤"闽戴戚芬农图籍""长春居士"诸印。

王謇捐赠。配以叶乐天藏本，始成全帙。

甜白釉绶带耳葫芦扁瓶

Sweet-white-glazed Porcelain Gourd-shaped Flask with Ribbon-shaped Handles

明（1368-1644）
Ming Dynasty (AD 1368-1644)

口径 3.4 厘米　底径 5.0-6.5 厘米　高 29.1 厘米
Diameter of Mouth 3.4 cm　Diameter of Bottom 5.0-6.5 cm　Height 29.1 cm

细长葫芦形口，扁圆腹，底足较小，颈腹间附有对称弧形绶带耳。胎质洁白。通体内外施透明釉，釉面肥厚莹润，釉聚厚处闪烁灰青色光泽，如同青、灰、白三色交织在一起的极淡虾青色，甚为奇特。腹部上下衔接痕迹明显。

甜白是明永乐朝景德镇官窑所创制的半脱胎白瓷，胎薄釉莹，有甜净之意，故称"甜白"。"甜白"也称"填白"，是指在此白瓷上、可填彩绘，以薄胎有暗花者为上品。明宣德、成化、弘治、正德及嘉靖、万历时都曾烧制相类的白瓷，但均无法与永乐甜白媲美。

甜白釉绶带耳葫芦扁瓶
Sweet-white-glazed Porcelain Gourd-shaped Flask with Ribbon-shaped Handles

宣德款青花缠枝花卉纹豆

Blue-and-white Porcelain *Dou*-stem bowl with Intertwined Flora Pattern

明（1368-1644）
Ming Dynasty (AD 1368-1644)

口径 7.7 厘米　底径 6.6 厘米　高 10.0 厘米
Diameter of Mouth 7.7 cm　Diameter of Bottom 6.6 cm　Height 10.0 cm

敛口、鼓腹、喇叭形高足，足径短，足座外撇中空。内底双圈内绘折枝花卉一枝。外壁口沿处两周弦纹间饰一周斜格纹；腹部两周弦纹间上绘一周缠枝花卉纹，并有"大明宣德年制"六字楷书横款，下为一周仰莲瓣；足部两周双弦纹下绘一周覆莲瓣，足沿饰一周连珠纹。胎骨厚重。釉色白中泛青，细腻如脂。原器有盖，已佚。

青花缠枝莲纹盘

Blue-and-white Porcelain Plate with Intertwined Lotus Pattern

明（1368—1644）
Ming Dynasty (AD 1368-1644)

口径 39.0 厘米　底径 28.1 厘米　高 6.8 厘米
Diameter of Mouth 39.0 cm　Diameter of Bottom 28.1 cm　Height 6.8 cm

敞口，弧壁，广底，圈足。内口沿饰海水纹，外口沿饰缠枝灵芝纹，
内外壁绘缠枝花卉纹，内底绘缠枝莲纹。此盘形制较大，青色艳丽，
纹饰线条优美流畅。

宣德款青花缠枝莲纹盘

Blue-and-white Porcelain Plate with Intertwined Lotus Pattern

明（1368-1644）
Ming Dynasty (AD 1368-1644)

口径 13.7 厘米　底径 8.0 厘米　高 3.3 厘米
Diameter of Mouth 13.7 cm　Diameter of Bottom 8.0 cm　Height 3.3 cm

口微侈、弧壁、圈足。内底绘一朵折枝莲，内外壁各有缠枝莲六朵，底部双圈内有"大明宣德
年制"六字双行楷书款。通体施白釉，釉面细白匀净，呈橘皮纹。纹饰豪放、笔法酣畅淋漓、
青花呈色明快，浓重与淡雅参差相间。

宣德款青花缠枝莲纹盘
Blue-and-white Porcelain Plate with Intertwined Lotus Pattern

广窑褐彩魁星像

Brown-glazed Statuette of *Kuixing*-god of literature and writing, Guang Kiln

明（1368−1644）
Ming Dynasty (AD 1368-1644)

高 23.0 厘米
Height 23.0 cm

胎质坚致，色白微灰。通体施乳浊釉，釉不及底，聚厚处呈乳白色，薄处呈透明色。在人物的发髻、眉毛、眼睛、项圈、手镯、脚镯、衣褶边缘及帛带处着褐彩。整个塑像比例协调，生动地描绘了"鬼举足而起其斗"之魁星状。"魁星"是我国古代神话中"奎星"的俗称，又称"文曲星"，是主宰文章兴衰的神祇。

广窑褐彩魁星像
Brown-glazed Statuette of *Kuixing*-god of literature and writing, Guang Kiln

青花釉里红
寿桃结树图天球瓶

**Blue-and-white Porcelain Globular Vase with
Underglaze Red Peach Design**

清（1644-1911）
Qing Dynasty (AD 1644-1911)

口径 12.9 厘米　腹径 38.0 厘米
底径 17.8 厘米　高 55.6 厘米
Diameter of Mouth 12.9 cm　Diameter of Belly 38.0 cm
Diameter of Bottom 17.8 cm　Height 55.6 cm

口微敞，长颈，腹部丰满浑圆，好似天体中的星球，
因其奇特的瓶腹，故名"天球瓶"。外壁以青花绘
桃枝、桃叶，勾勒花、桃，釉里红作花蕊、花瓣之
色，并绘大小寿桃九只。由于釉里红的烧造要求严
格，釉厚处呈微黄绿色，显示出寿桃的成熟感，并
以青花勾勒与釉里红相斗的形态各异的五只蝙蝠，
组成一幅祝寿寓意的"多福多寿""福寿双全"图。

粉青釉石榴尊

Light Celadon Pomegranate-shaped *Zun*-container

清（1644-1911）
Qing Dynasty (AD 1644-1911)

口径 6.9 厘米　腹径 17.8 厘米　底径 15.8 厘米　高 16.2 厘米
Diameter of Mouth 6.9 cm　Diameter of Belly 17.8 cm　Diameter of Bottom 15.8 cm　Height 16.2 cm

五瓣石榴形，花瓣形唇口外翻，短束颈，腹部浑圆，平底。底部有青花"大清雍正年制"六字三行篆书款。通体施粉青釉，釉色滋润柔和、匀净淡雅，釉面质感强烈、光洁明亮。整器造型端庄，线条饱满流畅，古朴典雅，为不可多得的佳品。

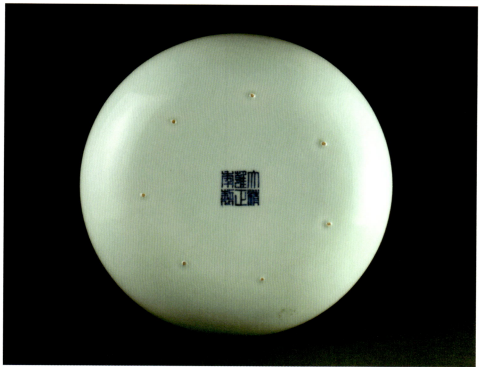

洒蓝釉石榴尊

Snowflake Blue Porcelain Pomegranate-shaped *Zun*-container

清（1644-1911）
Qing Dynasty (AD 1644-1911)

口径 7.6 厘米　腹径 15.6 厘米　底径 6.8 厘米　高 18.2 厘米
Diameter of Mouth 7.6 cm　Diameter of Belly 15.6 cm　Diameter of Bottom
6.8 cm　Height 18.2 cm

整体造型呈石榴形、五瓣花口外撇、束颈、圆肩、圆腹、假圈足。足底有青花"大清雍正年制"六字三行篆书款。胎质细白坚致。通体采用含钴彩料为着色剂，效果似洒落的水滴，故称"洒蓝"，又名"雪花蓝""青金蓝"。由于洒落的钴料深浅不一，釉色形成了错落有致的青、蓝、白斑点，似青蓝中飘洒点点雪片，轻快并富有动感。

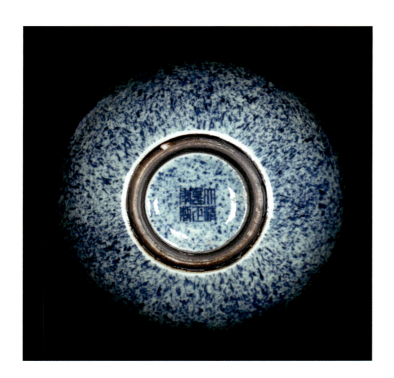

斗彩牡丹蝴蝶纹盘

Joined-colors-glazed Porcelain Plate with Peony and Butterfly Pattern

清（1644—1911）
Qing Dynasty (AD 1644-1911)

口径 21.0 厘米　底径 13.2 厘米　高 4.5 厘米
Diameter of Mouth 21.0 cm　　Diameter of Bottom 13.2 cm
Height 4.5 cm

敞口、弧腹、圈足。口沿内外均饰一周青花单圈。内底青花双圈内用青翠色调的青花绘湖石，并双勾牡丹的枝、叶、花及两只翩翩的蝴蝶轮廓，再在青花轮廓内填以薄而淡雅的红、黄、赭、绿色作花、蝶、枝叶的色彩。外壁以同一方式绘湖石、花草、芙蓉、蝴蝶。足墙饰青花单圈。足底青花双圈内有青花"大清雍正年制"六字双行楷书款。胎质细白坚致。通体施透明釉，釉色洁白滋润带微青。"蝶"与"耋"同音，牡丹寓意富贵，此盘以双蝶翩翩于牡丹花中，寓有富贵长寿之意。

斗彩，也叫"逗彩"。广义的斗彩是指釉下青花和釉上彩色相结合的彩瓷工艺，创烧于明代宣德年间。成化斗彩最为名贵，明嘉靖、万历和清康熙斗彩制作比较发达，但均无法与成化斗彩相比。雍正朝开始，由于粉彩盛行，出现了釉下青花和釉上粉彩相结合的斗彩工艺。

釉里红海水龙纹观音瓶

Underglaze Red Porcelain *Guanyin*-avalokitesvara Vase with Wave and Dragon Pattern

清（1644-1911）
Qing Dynasty (AD 1644-1911)

口径 3.4 厘米　底径 3.7 厘米　高 13.7 厘米
Diameter of Mouth 3.4 cm　Diameter of Bottom 3.7 cm　Height 13.7 cm

敞口，厚唇，短颈，丰肩，肩下弧线内收，圈足。足部一周海水江崖纹，一三趾龙从海水江崖中腾飞而出，俯视前方的火珠，肩上火焰映天。右下方有一龙在海水中仰首欲腾、目视火珠，构成一幅水中二龙戏珠图。底足有青花"大清雍正年制"六字双行楷书款。胎骨洁白细腻。通体施透明釉，釉色白中闪微青。釉里红发色鲜艳纯正，但局部仍可见绿色小斑点。

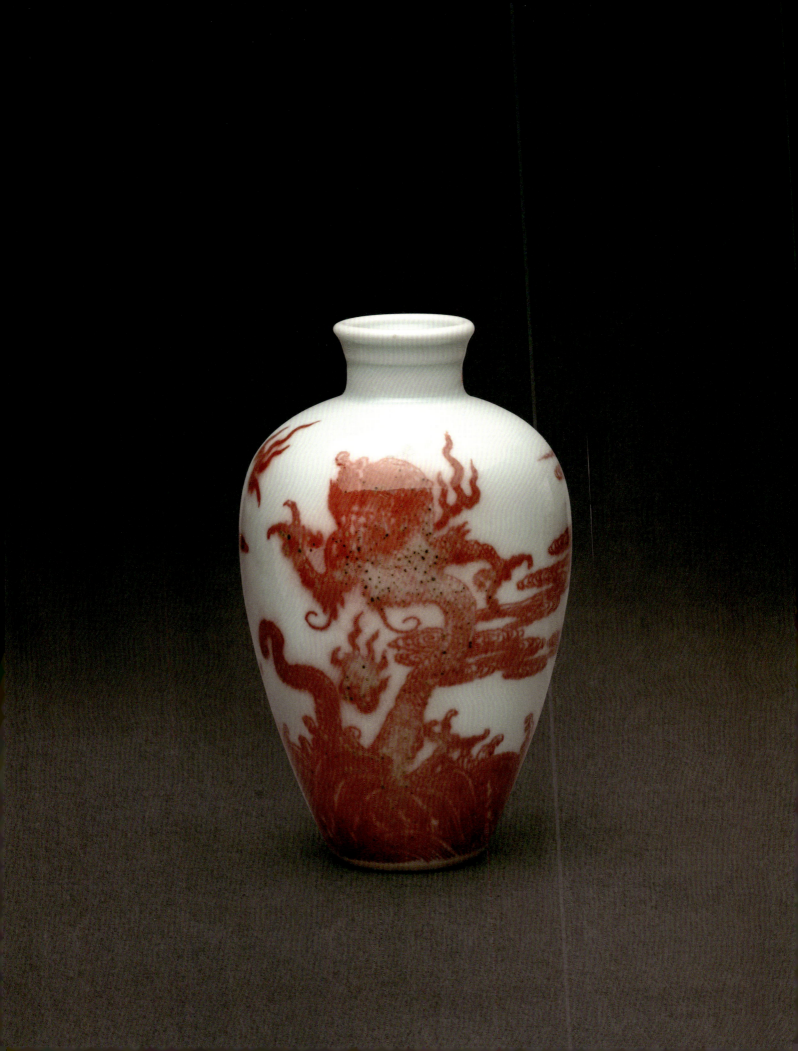

青花海水龙纹豆

Blue-and-white Porcelain *Dou*-stem bowl with Wave and Dragon Pattern

清（1644—1911）
Qing Dynasty (AD 1644-1911)

口径 23.1 厘米　底径 17.7 厘米　高 18.2 厘米
Diameter of Mouth 23.1 cm　Diameter of Bottom 17.7 cm　Height 18.2 cm

直壁，浅腹，喇叭形中空高足外撇，器形挺拔。外壁绘一周贯套花卉纹，足部满绘海水鱼龙变化图，鱼儿海中嬉戏，海水波涛中，一条出海蛟龙张牙舞爪腾空而起，足内边沿有"大清乾隆年制"六字篆书横款。胎体厚重。通体施白釉、釉面润泽。此器制作精湛，绘画精细，青花发色艳丽。鱼龙变化为中国传统的吉祥图案，取材于汉代传说鱼跃龙门，以此比喻科举考试高中，金榜题名。

尤静初捐赠。

雕瓷象牙色人物笔筒

Ivory-colored Porcelain Brush Holder with Incised Figure Design

清（1644-1911）
Qing Dynasty (AD 1644-1911)

口径 15.5 厘米　底径 14.5 厘米　高 14.2 厘米
Diameter of Mouth 15.5 cm　Diameter of Bottom 14.5 cm　Height 14.2 cm

直口，筒形腹，底内凹呈浅圈足，器壁厚重，故口沿及足端面均较宽。通体八仙观太极图剔划而成，人物均凸出器表，且有前后深浅之变化。八仙姿态各异，栩栩如生，衣纹皱褶飘逸自如，充分体现了制瓷工匠高超的雕刻技艺。器底有"陈国治作"阴文楷书刻款，旁并有"觉园珍玩。道光丁未，岭海冯子良志"墨铭。胎色洁白，胎质细腻、坚硬。通体黄釉，先施于高温烧成的涩胎上，再以低温二次烧成。釉色娇柔淡雅，釉面洁净，似象牙色。

霁蓝釉描金腰圆花盆
Dark-blue-glazed Porcelain Flowerpot with Outline-in-gold Design

清（1644－1911）
Qing Dynasty (AD 1644-1911)

口径 13.3－18.8 厘米　底径 8.2－12.9 厘米　高 7.0 厘米
Diameter of Mouth 13.3-18.8 cm　　Diameter of Bottom 8.2-12.9 cm　　Height 7.0 cm

盆呈腰圆状，口沿外翻、弧腹内收、下附如意形四足。胎质致密。通体施霁蓝釉、以金彩绘缠枝花卉纹，口沿饰回纹，圈足处绘圆点纹。整器造型规整、釉色高雅、施釉均匀、金彩绘画精细。

紫砂桂枝歇蝉笔架
Zisha Brushrest with Cicada Sitting on Osmanthus Twig

清（1644-1911）
Qing Dynasty (AD 1644-1911)

长 14.9 厘米　宽 5.5 厘米　高 4.0 厘米
Length 14.9 cm　Width 5.5 cm　Height 4.0 cm

紫砂桂枝歇蝉笔架
Zisha Brushrest with Cicada Sitting on Osmanthus Twig

此笔架用含有白色细砂粒的灰棕色泥塑成盛开的桂花枝，上有一蝉。在十一朵桂花、六朵花蕾和三片树叶组成的桂枝上塑有九个小断枝及四个断枝疤、叶上的穿孔、残面和蝉的头、身、腹、足、翅、翼、筋等制作精细，形象生动逼真，似刚飞来的蝉在桂枝上歇息，桂枝下并有"陈鸣远"篆体阳文三字小印一方。

陈鸣远款紫砂方斗杯
Square Zisha Cup with "Chen Mingyuan" Mark

清（1644—1911）
Qing Dynasty (AD 1644-1911)

长 11.9 厘米　宽 10.4 厘米　高 5.4 厘米
Length 11.9 cm　Width 10.4 cm　Height 5.4 cm

此杯为酒器，形如方斗，器形规整。敞口、斜腹、平底。整器呈栗壳色，内壁光素，外口沿及下沿各饰一周连续回纹，左壁凸塑衔环铺首，右壁塑羊首弧形把，并连有活环，正面阴刻行楷"斗旨酒、藏之久、为君子有"十字诗句及划刻楷书"庚子维夏，存朴堂主人属作，鸣远"等十三字，旁有阳文篆体圆形"陈"、方形"鸣远"二方印戳，背面凸塑螭龙一条。

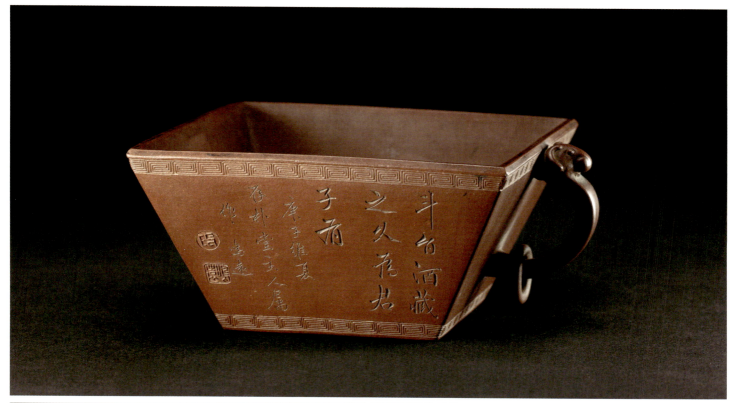

彭年款紫砂笔筒
Zisha Brush Holder with "Peng Nian" Mark

清（1644-1911）
Qing Dynasty (AD 1644-1911)

长 8.0 厘米　宽 6.1 厘米　高 8.2 厘米
Length 8.0 cm　Width 6.1 cm　Height 8.2 cm

紫红色砂泥质。树根形。器身刻有"轻烟佳月，夕阳微雪。乙未夏日。
少云制"，器底篆书"彭年"阳文款。

輕烟佳月夕陽
微雪乙未夏日
少宫製

道光银锭
Silver Ingots, Daoguang Period

清（1644-1911）
Qing Dynasty (AD 1644-1911)

长 10.0 厘米　宽 7.9 厘米
Length 10.0 cm　Width 7.9 cm

长 10.3 厘米　宽 6.0 厘米
Length 10.3 cm　Width 6.0 cm

长 8.8 厘米　宽 7.9 厘米
Length 8.8 cm　Width 7.9 cm

银锭，又称"银元宝""宝银""马蹄银"，清代作为货币流通。大锭重约五十两，由各地银炉铸造，锭上一般有铸造日期、地点、银匠姓名，重量、成色略有参差。清代中期以后，元宝须经公估局鉴定，批明重量、成色方能流通。此银元宝三锭，系清道光年间陕西等地所铸，锭上铸有"道光　年月。泾阳县匠大昌""五十两"等字样。

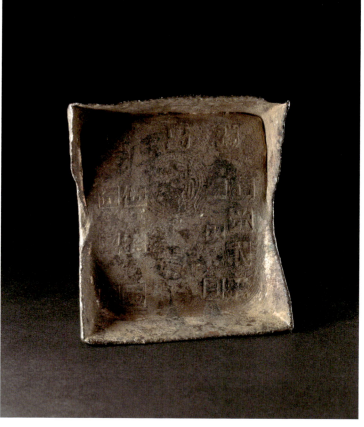

咸丰银锭
Silver Ingots, Xianfeng Period

清（1644-1911）
Qing Dynasty (AD 1644-1911)

长 10.5 厘米　宽 6.1 厘米
Length 10.5 cm　Width 6.1 cm

长 10.8 厘米　宽 6.4 厘米
Length 10.8 cm　Width 6.4 cm

均为山西所铸。铭文分别为 "咸丰年　月。阳曲县。匠永和" "咸
丰　年月。太谷县。匠仁和"。

光绪金币

Gold Coin, Guangxu Period

清（1644-1911）
Qing Dynasty (AD 1644-1911)

直径 3.9 厘米
Diameter 3.9 cm

清光绪三十三年（1907）户部天津造币厂试铸金币之一。正面中央铸"大清金币"四字，外环珠圈，上缘铸纪年文字"光绪丁未年造"，下缘铸纪值文字"库平一两"，左右两侧各铸一花星。背面为盘龙云纹图案。铸数极少，未公开发行。

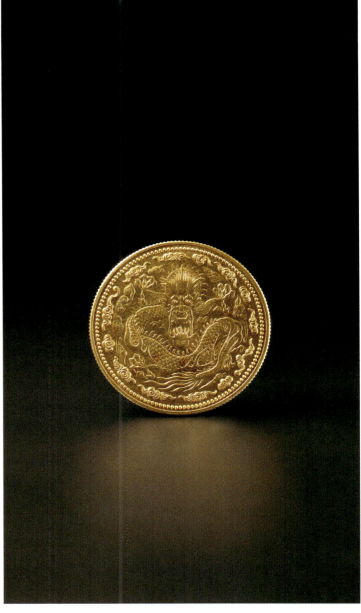

犀角杯

Rhinoceros Horn Cup

明（1368—1644）
Ming Dynasty (AD 1368-1644)

长 86.0 厘米　口径 15.1—18.5 厘米
Length 86.0 cm　Diameter of Mouth 15.1-18.5 cm

此犀角细密沉厚，通体光洁如漆，色褐而泛红。下端中空略加雕饰成杯形，宽处可达 18.5 厘米，顶部呈弧形上翘。如此之大的犀角杯是将军御马出征或班师奏凯时，皇帝赐酒在马上举杯而饮，故名"马上杯"。此杯相传是明代宰相王鏊旧物。

王季常捐赠。

象牙画彩篦梳
Ivory Combs with Colored Pattern

清（1644−1911）
Qing Dynasty (AD 1644-1911)

长 7.4−23.0 厘米　宽 3.3−6.7 厘米
Length 7.4-23.0 cm　Width 3.3-6.7 cm

一套 10 件。梳篦，理发的用具，是中国传统手
工艺品。齿稀者称"梳"，齿密者称"篦"。

玉蚕

Jade Silkworm

清（1644—1911）
Qing Dynasty (AD 1644-1911)

长 4.2 厘米　宽 3.0 厘米　厚 1.5 厘米
Length 4.2 cm　Width 3.0 cm　Thickness 1.5 cm

苏州上方山果园出土。题材为桑叶上卧蚕一对，桑叶玉质晶莹剔透，
以玉皮色饰卧蚕，栩栩如生。此器玉质莹润，油脂感强，凸显卧蚕
之丰腴韵味。

灵璧石
Lingbi Rock

明（1368-1644）
Ming Dynasty (AD 1368-1644)

宽 23.5 厘米　高 20.0 厘米　玉环径 4.2 厘米
Width 23.5 cm　Height 20.0 cm　Diameter of Jade Ring 4.2 cm

此石产自安徽灵璧县，故名。又因叩之有声，亦名"磬石"。灵璧
石往往需藉人工斧凿来修磨才能全其美。此灵璧石呈横云之势，曲
折之态，有穴有峰，不藉人工，置于几案，是清供雅品。

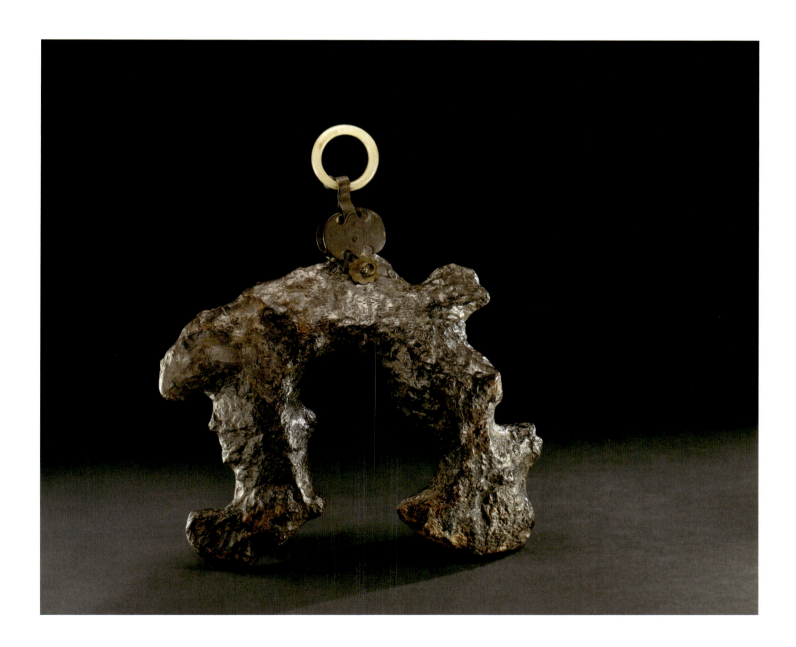

传是楼款歙砚
She Inkstone with "Chuanshilou" Mark

清（1644—1911）
Qing Dynasty (AD 1644-1911)

长 9.4 厘米　宽 9.0 厘米　高 1.8 厘米
Length 9.4 cm　Width 9.0 cm　Height 1.8 cm

清康熙年间作品。此砚为歙石、质细纯、呈青黑色。砚体为方形，砚面成"凹"字状，四周为沟槽式墨池，造型奇特。砚底中方，刻有阴文篆书"传是楼"三字，其下"凹"字形处刻有清代书法家梁同书"水方流，四角周，溉石田，乃有秋"及"八十八老人山舟铭"二十字题铭。砚左侧下方刻有阳文篆体"莲汀书画"四字方印一枚。全砚简洁、朴实。

传是楼为清康熙年间进士徐乾学的藏书楼名。徐乾学（1631—1694），昆山人，曾任内阁学士、刑部尚书等职。奉命编纂《大清一统志》《大清会典》及《明史》。此砚为传是楼旧藏珍品。

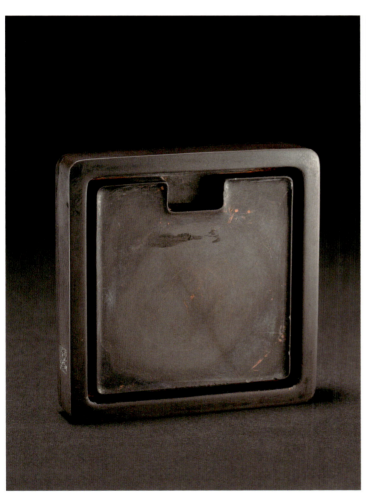

蚌形小端砚

Clam-shaped Duan Inkstone

清（1644－1911）
Qing Dynasty (AD 1644-1911)

长 10.8 厘米　宽 7.4 厘米
Length 10.8 cm　Width 7.4 cm

端砚作蚌形，大可一握，小巧玲珑。原配木盒，盒底刻"耦园藏研"
四字，并镌"鲽研庐"朱文方记。另有一砚，与之形似。二者系清
末苏州耦园主人沈秉成（1823－1895）、严永华（1837－1890）夫妇
日常所用之物，可见沈、严二人之鹣鲽情深。

文彭款"梅花作伴"石印
Stone "Mei Hua Zuo Ban" Seal with "Wen Peng" Mark

明（1368−1644）
Ming Dynasty (AD 1368-1644)

长 3.0 厘米　宽 3.0 厘米　高 2.5 厘米
Length 3.0 cm　Width 3.0 cm　Height 2.5 cm

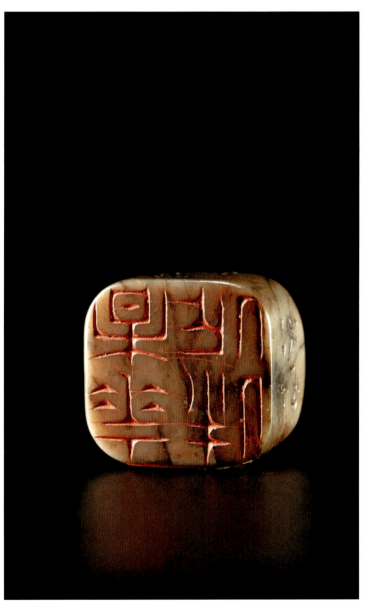

印文为白文，篆体"梅花作伴"，印背刻有同样四字，边款则刻有"丙子秋八月文彭篆"。

文彭（1498–1573），字寿承，号三桥，明长洲（今江苏苏州）人，文徵明长子。其创立了明代第一个篆刻流派——吴门派，一改宋元治印艺术衰微之势，有继往开来的意义。文彭传世的印章实物并不多见，这枚"梅花作伴"印为其早期作品，印文笔画平直挺拔，字的内部空间布局均匀，整体呈现出方正平稳的姿态，充分体现了文彭"非俗非陋，不徇不拘"的篆刻风格。

"长君夷令" 玉印
Jade "Zhang Jun Yi Ling" Seal

明（1368-1644）
Ming Dynasty (AD 1368-1644)

长 2.6 厘米　宽 2.6 厘米　高 3.3 厘米
Length 2.6 cm　Width 2.6 cm　Height 3.3 cm

印面呈正方形，上部浮雕螭形瑞兽。印文为朱书篆体"长君夷令"
四字，为明张灏用印。

"张灏私印"琥珀印
Amber "Zhang Hao Si Yin" Seal

明（1368-1644）
Ming Dynasty (AD 1368-1644)

直径 2.3 厘米　高 3.0 厘米
Diameter 2.3 cm　Height 3.0 cm

琥珀质。圆柱形，一端浮雕螭虎龙，外侧浅雕兽纹，以回纹为底。印文为白文篆体"张灏私印"四字。

"张灏私印"蜜蜡印

Opaque Amber "Zhang Hao Si Yin" Seal

明（1368—1644）
Ming Dynasty (AD 1368-1644)

长 1.2 厘米　宽 1.2 厘米　高 4.5 厘米
Length 1.2 cm　Width 1.2 cm　Height 4.5 cm

蜜蜡质。印章呈长方体，一端浮雕螭虎龙。印文为白文篆体"张灏
私印"四字。

"周宗建印" 水晶瓦纽印
Crystal "Zhou Zongjian Yin" Seal with Tile-shaped Knob

明（1368–1644）
Ming Dynasty (AD 1368-1644)

长 2.9 厘米　宽 2.9 厘米　高 2.3 厘米
Length 2.9 cm　Width 2.9 cm　Height 2.3 cm

水晶质。瓦纽。印文为白文篆体"周宗建印"四字。整体透明光亮。

周宗建（1582–1627），字季侯，号来玉，吴江（今属江苏苏州）人。明末天启年间东林党人之一，崇祯初年追谥忠毅。

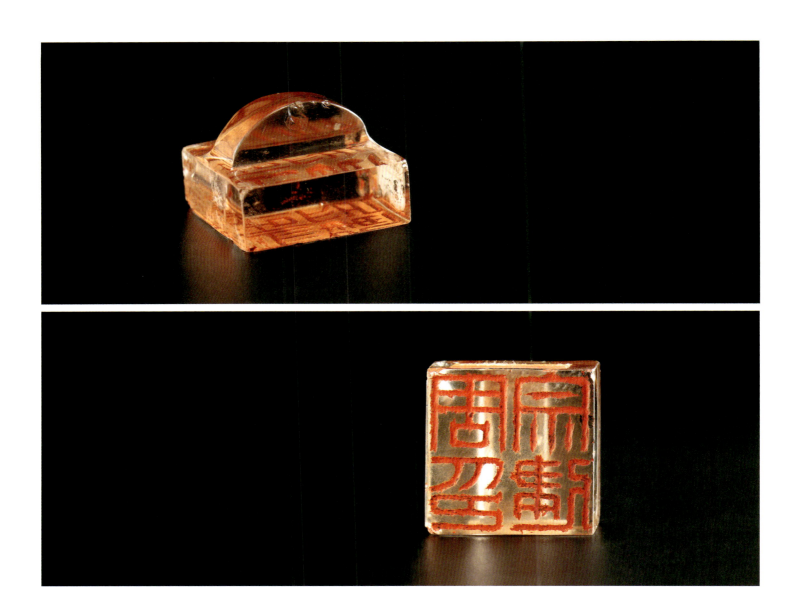

"汲古得修绠" 田黄石独角兽纽印

Tianhuang Soapstone "Ji Gu De Xiu Geng" Seal with Unicorn-shaped Knob

明（1368-1644）
Ming Dynasty (AD 1368-1644)

长径 4.6 厘米　短径 3.0 厘米　高 4.4 厘米
Length 4.6 cm　Width 3.0 cm　Height 4.4 cm

田黄石质。独角兽形纽，兽作卧伏状，瞠目呲口，扭身回望，动感强烈。印文为朱文篆体"汲古得修绠"五字。唐韩愈诗："汲古得修绠。"《说苑》："管仲曰短绠不可以汲深井。"绠，井索也。修绠，即长索。意思是，钻研古人学说，必须有恒心，下功夫找到一根线索，才能学到手，与汲深井水必须用长绳一样。

"护封" 田黄石狮纽印

Tianhuang Soapstone "Hu Feng" Seal with Lion-shaped Knob

明（1368—1644）
Ming Dynasty (AD 1368-1644)

长 2.3 厘米　宽 2.3 厘米　高 5.3 厘米
Length 2.3 cm　Width 2.3 cm　Height 5.3 cm

田黄石质。狮纽。印文为白文篆体"护封"二字，外有阴线边栏。护封印多用在信札的封口处，以防他人打开偷窥信的内容。

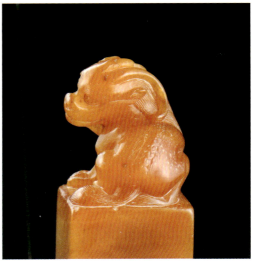

红色金斜卍字织锦缎
Red Satin with Gold Thread and Swastica Pattern

清（1644—1911）
Qing Dynasty (AD 1644-1911)

门幅 72.0—81.0 厘米
Width 72.0-81.0 cm

织锦缎是我国传统的丝织品种之一，19世纪末在我国江南织锦基础上发展而成。其以缎为地，以三种以上的彩色丝为纬，即一组经与三组纬交织的纬三重纹织物，是我国丝绸中具有代表性的品种。这匹织锦缎是光绪三十三年（1907）苏州织造的真金丝织锦缎，上有"苏州织造臣德寿"七字。织锦缎中夹有一票据为"苏州织造臣崇启：光绪三十三年分办、宫用长四丈大红片金缎定，光绪三十三年分解"，并盖有朱砂印一枚，但字迹模糊，无法辨识。1974年由故宫博物院调拨至苏州博物馆保存。

红色金斜卍字织锦缎
Red Satin with Gold Thread and Swastica Pattern

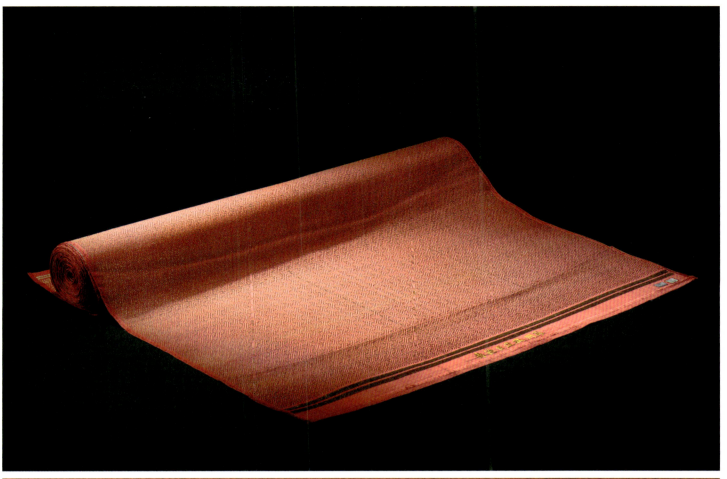

王鏊行草诗词卷
Poetry in Running-cursive Script
Wang Ao

明（1368－1644）
Ming Dynasty (AD 1368-1644)

纵 33.2 厘米　横 288.3 厘米
Vertical 33.2 cm　Horizontal 288.3 cm

此卷内容为六十自寿词与游览宜兴名胜诸作，各阕后标明所填词牌名。拖尾计有潘奕隽、韩崶、王世琛等人八题，其中潘奕隽三题，评此卷之书法瘦劲通神、诗亦疏宕入古。

王鏊（1450-1524），字济之，别号守溪，吴县（今江苏苏州）人。成化乙未（1475）进士，武宗时入内阁，进户部尚书、文渊阁大学士，改武英殿大学士，卒赠太傅，谥文恪。文规模昌黎，上溯秦汉；诗萧散清逸，有王、岑风格；书法清劲，有晋唐笔意。

潘慎明捐赠。

唐寅农训图
Life of Farmers
Tang Yin

明（1368—1644）
Ming Dynasty (AD 1368-1644)

纵 113.4 厘米　横 61.0 厘米
Vertical 113.4 cm　Horizontal 61.0 cm

此轴绘黍禾阡陌、亭台楼榭、云雾氤氲的江南乡居，近水远山，融南北画风为一体，潇洒清逸。其中人物或垂钓，或会棋，或课读，亦有舟行、携琴而来者，皆形象生动。自题诗一首："白衣村老鬓萧萧，夸说官家降教条。县里不容词状入，万家都放插青苗。"亦切中时弊。钤"唐寅私印"白文印。

唐寅（1470—1523），字伯虎，一字子畏，别号六如居士、桃花庵主，吴县（今江苏苏州）人。弘治十一年（1498）应天府乡试第一，翌年因受科场案牵连，不入仕途。自称"江南第一风流才子"。工书画诗文。画长于山水，兼精人物，初师事沈周，上承李成、李唐及赵孟頫、王蒙诸家，而自出新意，在明四家中声名尤著。

申时行祖父母诰命卷

Imperial Mandate to Shen Qian and His Wife

明（1368－1644）
Ming Dynasty (AD 1368-1644)

纵 31.0 厘米　横 358.5 厘米
Vertical 31.0 cm　Horizontal 358.5 cm

太師吏部尚書
中極殿大學士
申乾乃特進光
祿大夫柱國少
師兼太子太師
吏部尚書中極
殿大學士時行
之祖父舍章養

晦託彼鴻冥積
善發祥鍾于麟
定見聞孫襄然
為舉首知烈祖
有秩其慶源屬
鴻典之告成作
求世德肆龍章
之載錫對揚王
休茲加贈爾特
進光祿大夫柱
國少師兼太子
太師吏部尚書
中極殿大學士

以佐王猷俾一
人布政頒常垂
休光于後裔惟
三世儲休錫美
啟仍贈爾為一
品夫人受介福
于王母綏我思
成綿多祐于孝
孫俾爾昌熾

萬曆十五年二月二十七日

288

此为追封申时行祖父母的诰命，五色绫本。其祖父申乾特进光禄大夫、柱国少师兼太子太师、吏部尚书、中极殿大学士，祖母陆氏特进一品夫人。

申时行（1535–1614），原名徐时行，字汝默，号瑶泉，长洲（今江苏苏州）人。祖父申乾从小过继于徐姓舅家，故时行幼时姓徐，嘉靖四十一年（1562）中状元后归宗姓申。历官翰林院修撰、礼部右侍郎、吏部右侍郎兼东阁大学士、太子太师、中极殿大学士等。

奉
天承運
皇帝制曰制作以憲
萬邦功先政府
蒸衍以洽百禮
寵賁宗祊欲旌
繩武之賢特表
詔謀之善爾累
贈光禄大夫柱

制曰師臣佐辟典
念祖之懷
隆奕世慰蓋臣
人裕後之報恩
寵耀重原彰善
中極殿大學士
太師吏部尚書

則以詒于孫玉
者報功烝彝以
洽祖姚丕揚家
慶用顯國恩冊
累贈一品夫人
陸氏乃特進光
祿大夫柱國少
師蕙太子太師
吏部尚書中極
殿大學士申時

行之祖母終温
且惠充蹈閫彝
克孝而慈懋襄
家範誕拓人而

王时敏秋山晓霁图轴

Morning Mist Clearing Up in Autumn Mountain
Wang Shimin

清（1644-1911）
Qing Dynasty (AD 1644-1911)

纵 172.2 厘米　横 82.8 厘米
Vertical 172.2 cm　Horizontal 82.8 cm

此轴构图为王时敏所作之常见格局，重峦叠嶂，
林木丛生，溪流小桥，屋舍隐现。以披麻皴写
山石，浓墨点苔，且深得黄公望"浅绛"画风。
款署"己酉仲秋，仿黄子久"。"己酉"为清
康熙八年（1669），王时敏时年七十八岁。钤"真
寄"朱文印、"王时敏"白文印、"西庐老人"
朱文印。

王时敏（1592-1680），字逊之，号烟客，又号
西庐老人，江苏太仓人。与王鉴、王翚、王原
祁合称"四王"，偕吴历、恽寿平合称"清六家"。
工诗文，善书，尤善画山水，著有《王烟客集》。

顾公硕捐赠。

王原祁仿梅道人秋山图轴

Autumn Mountain Painting after Wu Zhen's Style
Wang Yuanqi

清（1644-1911）
Qing Dynasty (AD 1644-1911)

纵 87.6 厘米　横 58.5 厘米
Vertical 87.6 cm　Horizontal 58.5 cm

此轴为王原祁为友人荆涛所绘，因荆涛久未归家，特仿吴镇《秋山图》一幅，以祝其父母寿比南山。款署"康熙丙戌小春，王原祁画并题"。王原祁时年六十五岁。钤"御书画图留与人看"朱白文印、"王原祁印"白文印、"麓台"朱文印、"西庐后人"朱文印。另有鉴藏印"陆润之藏"朱文印。

王原祁（1642-1715），字茂京，号麓台，江苏太仓人。王时敏之孙。康熙八年（1669）中举人，次年登进士，入值南书房，官至户部左侍郎，人称王司农。擅画山水，画风主要受元代黄公望影响。作画时先笔后墨，由淡而浓反复晕染，最后以焦墨破醒，干湿并用，疏密相生，自称笔端如"金刚杵"。与王时敏并称为"娄东派"，与王时敏、王鉴、王翚合称"四王"。著有《雨窗漫笔》《扫花庵题跋》等。

钱棨书法扇页

Calligraphy on Fan Leaf
Qian Qi

清（1644-1911）
Qing Dynasty (AD 1644-1911)

纵 31.5 厘米　横 60.5 厘米
Vertical 31.5 cm　Horizontal 60.5 cm

此白面扇上书五言诗一首："塞山暑雨后，斓斑满翠锦。花叶良似菊，色香乃稍寝。落英未可餐，流泉未可饮。经霜益灿然，侥与菊同禀。善善及其类，忍使沦寒品。收之芳草谱，姱脩可勤恁。"款署"显仁二世兄。钱棨。"钤"钱"白文印、"棨"朱文印。另有鉴藏印"吴湖帆"朱白文印。

钱棨（1742-1799），字振威，号湘舲，长洲（今江苏苏州）人。钱中谐曾孙。乾隆四十四年己亥（1779）解元，四十六年辛丑（1781）会元，连捷一甲一名状元。官至内阁学士，兼礼部侍郎衔。此段生平为吴湖帆写于扇面右侧裱边。

吴湖帆捐赠。

可頒

可餐流泉未

英未

色乃稍霞煮

仙菊鑛花蓮

桔譜餐起

重丁隆泥上

章绶衔明名人画像册

Portraits of Celebrities in the Ming Dynasty
Zhang Shouxian

清（1644-1911）

Qing Dynasty (AD 1644-1911)

纵 30.8 厘米　横 23.6 厘米

Vertical 30.8 cm　Horizontal 23.6 cm

纸本、设色。此册绘高启、沈周、祝允明、唐寅、文徵明、文彭六位明人半身写像。衣着冠服一律平涂，面部则以色彩层层晕染。右上题篆书"高太史启""沈先生周""祝京兆允明""唐解元寅""文待诏徵明""文博士彭"。钤"章绶衔印"白文印、"紫伯"朱文印。

章绶衔（1804-1875），字紫伯，号辛复，别号爪鲈外史，浙江归安（今湖州）人。咸丰间贡生，出身于书香门第，自幼受父辈授教，攻诗画。家藏书画甚富，精于鉴别。有《磨兜坚室书画录》《磨兜坚室诗抄》等。

祝京兆允明

香解元寅

文待詔徵明

文博士彭

水浒人物白面扇页

Figures from Classic Chinese Novel *Water Margins* on Fan Leaf

清（1644−1911）
Qing Dynasty (AD 1644-1911)

纵 17.8 厘米　横 55.5 厘米
Vertical 17.8 cm　Horizontal 55.5 cm

此两页扇面为水浒一百〇八将群像，采用戏曲形象绘制，一页七十人，另一页三十八人，其旁均有蝇头小楷标注姓名。设色艳雅，开脸各异，人物的神情动作及特征都能体现在方寸之间。穿插以屋舍、马匹、水域、船只等，使得人物排布错落有致。

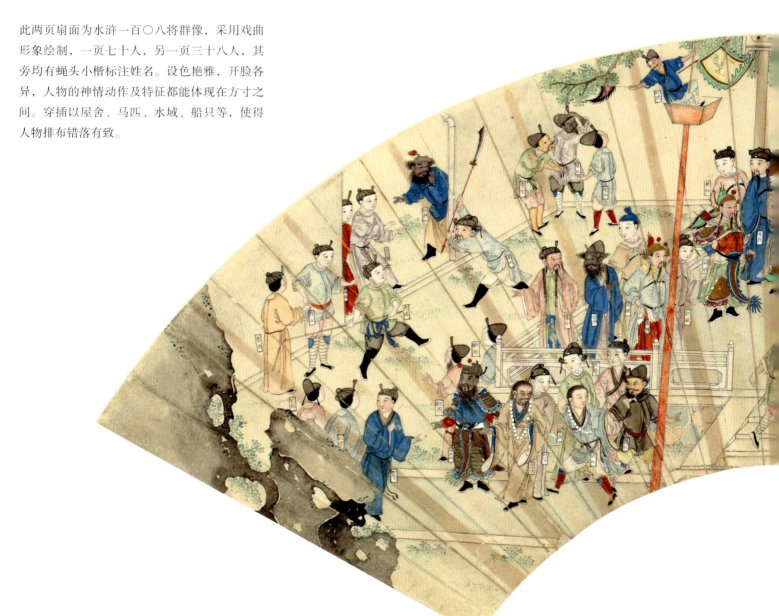

程德全对联

Couplet
Cheng Dequan

清（1644-1911）
Qing Dynasty (AD 1644-1911)

纵 132.0 厘米　横 34.3 厘米
Vertical 132.0 cm　Horizontal 34.3 cm

释文为"目极九流怀观一致，类陈万有迹化群言"。上款为"瑞如仁兄"。钤"程德全印"白文印、"雪楼"朱文印。

程德全（1860-1930），字纯如，号雪楼、本良，四川云阳人。宣统二年（1910），调任江苏巡抚。次年十一月，被推为苏军都督，成为第一位参加革命的清朝封疆大吏。著有《程中丞奏稿》《抚吴文牍》等。

朱梁任行草诗扇页

Poetry in Running-cursive Script on Fan Leaf
Zhu Liangren

民国（1912–1949）
Republic of China （AD 1912-1949）

纵 18.7 厘米　横 52.0 厘米
Vertical 18.7 cm　　Horizontal 52.0 cm

此金面扇上节录陶渊明《闲情赋》："曲调将半，景落西轩。悲商叩林，白云依山。仰睇天路，俯促鸣弦。神仪妩媚，举止详妍。激清音以感余，愿接膝以交言。欲自往。"款署"辛未夏日，驾青贤友属。朱梁任。"

朱锡梁（1873–1932），字梁任，号纬军，江苏吴县（今苏州）人。早年东渡日本，接受孙中山革命思想，加入同盟会。参加南社在苏州举行的第一次雅集。担任过吴县古物保管委员会委员、江苏省古物保管委员会委员等职。有《草书探源》《词律补体》等。

包铭山捐赠。

纯粹江南
苏州历史陈列

PURE JIANGNAN
Exhibition of Suzhou History